Katja Nadler

# Verdi und das Fremde

## Soziale Schichtungen und Außenseiterrollen in Verdis Opern

Hrsg. von Gisa Jähnichen

2012

Katja Nadler

# Verdi und das Fremde

## Soziale Schichtungen und Außenseiterrollen in Verdis Opern

Hrsg. von Gisa Jähnichen

2012

Bibliografische Information der
Deutschen Nationalbibliothek:

Die Deutsche Nationalbibliothek verzeichnet diese
Publikation in der Deutschen Nationalbibliografie;
detaillierte bibliografische Daten sind im Internet über
http://dnb.dnb.de abrufbar.

© 2012 Katja Nadler/Gisa Jähnichen
Herstellung und Verlag: BoD – Books on Demand
ISBN: 978-3-8482-1674-1

# Inhaltsverzeichnis

## Vorwort der Herausgeberin

Die von Katja Nadler angestellte Untersuchung zu „Verdi und das Fremde" ist eine der wenigen Arbeiten, die sich in einer leicht verständlichen Wissenschaftssprache und doch unterlegt mit solide recherchiertem Faktenmaterial mitteilt. Sie dient damit nicht nur den Kennern im engsten wissenschaftlichen Rahmen als Information, sondern vor allem denen, die sich aus einem weiteren Interesse heraus mit Themen der historischen und aktuellen Aufführungspraxis bis hin zur Sozialgeschichte Mitteleuropas im Allgemeinen auseinandersetzen.

Aussenseiterrollen in Verdis Opern stellen in diesem Zusammenhang eine Parallele zum „Fremden" in der Lebenswelt zu Zeiten Verdis dar, die sich nicht linear, sondern vielschichtig und oft widersprüchlich entwickelten.

Ein wichtiger Punkt der Arbeit ist die Rezeption dieser Aussenseiterrrollen in der Gegenwart, die aus der Distanz weitere Dimensionen erkennen lassen, etwa das Potential für Genderstudien, Studien zu sozialen Normativen und deren performative Kontinuität.

Die Autorin geht in allen Abschnitten sehr ins Detail und stellt Interpretationen zur Diskussion, die nur am konkreten Material sicht- und verbal greifbar sind. Die Arbeit ist deshalb besonders empfehlenswert, weil hier mikro-analytische Forschungsmethoden sinnreich mit Typologien und historischen, zum Teil diachronischen Methoden verknüpft werden, die ein ganzheitliches Verstehen der Zusammenhänge ermöglichen.

In einer Zeit, in der das Fremde in jedweder Gesellschaft zur Alltäglichkeit wird und zugleich streng stereotypisiert zu sein scheint, sind sowohl Thema als auch Forschungsansatz von aktueller Bedeutung für die weitere Entwicklung der Musikwissenschaft. Es bleibt, auf weitere wichtige Beiträge der Autorin zu hoffen.

Gisa Jähnichen

Berlin, 2012

## Einleitung

Das Fremde ist etwas Unbekanntes oder Andersartiges und spielt in der Gesellschaft eine wichtige Rolle. Es gibt zwei Möglichkeiten, mit dem Fremden umzugehen. Entweder wird das Neue kennengelernt und somit in die eigene Gesellschaft integriert, oder es wird abgelehnt und ausgegrenzt. Eine solche Ausgrenzung verhindert die Auseinandersetzung mit dem Fremden und ist demnach die einfachere Möglichkeit.

Die Definition, was als Fremd oder Andersartig gilt, wird folglich über die Gesellschaft bestimmt. Außenseiter sind nichts anderes, als von ihr festgelegte Personen, die aufgrund fremder Eigenschaften als solche ausgegrenzt werden.

In der Arbeit wird zunächst erläutert, was Verdi und seine Zeit ausmacht. Es wird dargelegt, wie der Opernkomponist gelebt und was sein Schaffen geprägt hat.

Verdi ist fasziniert von Opernsujets, die unterschiedliche soziale Schichten aufzeigen oder einen Außenseiter der herrschenden Gesellschaft und deren Moralvorstellungen gegenüberstellen. Um auf seine Werke und die darin enthaltenen Charaktere und deren Rolle in der Gesellschaft einzugehen, müssen im ersten Kapitel zunächst allgemeine Dinge geklärt werden:

Woher kommt Verdis Interesse an Themen, die für die Mitte des 19. Jahrhunderts noch so untypisch sind, aber bereits den Weg des Verismo vorbereiten? Um diese Frage zu beantworten, ist es von großer Bedeutung, zunächst die politische Situation zur Zeit Verdis darzustellen. Sein Interesse für das Fremde im politischen Sinn hängt stark mit der politischen Situation Italiens zusammen.

4

Die europäischen Großmächte haben Italien unter sich aufgeteilt und unterdrücken das Land. Daran ist erkennbar, welch zentrales Thema die Fremdherrschaft zu Verdis Zeit spielt. Es scheint nicht verwunderlich, dass sich auch Verdis Sujets mit dem Problem der Unterdrückung und den damit verbundenen, nicht akzeptierten Außenseitern der politischen Gegenseite beschäftigen.

Weiter muss erläutert werden, wie sich die sozialen Schichten des 19. Jahrhunderts aufteilen, um diese in den Opern Verdis benennen und gegenüberstellen zu können. Wer gehört zu der Unterschicht, wer zu der Mittelschicht und was zeichnet die Zugehörigkeit zu der herrschenden Klasse aus?

Es gibt auch Menschen, die von der Gesellschaft aufgrund ihres Berufes, ihres Aussehens oder ihrer Abstammung ausgeschlossen werden. Sie gehören keiner sozialen Schicht an und gelten allgemein als Außenseiter. Natürlich stellt sich die Frage, was einen Außenseiter des 19. Jahrhunderts auszeichnet. In dem Kapitel 1.7 zum Thema „Außenseiter der Gesellschaft" wird diese Fragestellung behandelt.

Die allgemeinen Erklärungen und Definitionen des ersten Kapitels dienen dazu, in dem zweiten Kapitel Verdis Opern genauer unter dem Aspekt der sozialen Schichten und der Außenseiterrollen zu untersuchen. Als Hilfe dient dabei die Unterteilung in die Frühwerke, die Werke der Reifezeit und die Spätwerke, da sich auch die Interessen und Schwerpunkte des Komponisten im Laufe der Zeit verändern.

Das letzte Kapitel widmet sich der Oper *La Traviata*. Violetta Valéry ist als Kurtisane eindeutig eine Außenseiterrolle zuzuschreiben. Dieses Werk dient als ein Beispiel für Verdis zahlreiche Opern, in denen er eine am Rande der Gesellschaft stehende Person zu einem Hauptprotagonisten der Handlung macht.

Die abschließende musikalische Analyse befasst sich mit Violettas Verwandlungsprozessen. Wie stellt Verdi ihre Veränderung von der nach Geld und Vergnügen strebenden Kurtisane zur treuen Geliebten bis hin zur einsamen Sterbenden dar?

# 1.    Giuseppe Verdi und seine Zeit

## 1.1    Sein Leben – seine Werke

Giuseppe Verdi ist am 10. Oktober 1813 in Le Roncole nahe der Kleinstadt Busseto geboren.[1] Seine Eltern besitzen ein Wirtshaus und ein Stück Land. Damit haben sie einen hohen Lebensstandard, verglichen mit der restlichen Bevölkerung in ihrer ländlichen Gegend.[2]

Verdi zeigt schon in seiner Kindheit großes musikalisches Talent. Sein Vater kauft ihm ein Spinett und er erhält Orgelunterricht bei dem örtlichen Organisten, dessen Amt er bereits mit neun Jahren übernimmt.

Im Jahre 1823 beendet Verdi die Volksschule und wechselt auf das Gymnasium in Busseto. Zu den damaligen Schulfächern gehören Philologie, Naturwissenschaften und Mathematik.[3] Musikunterricht erhält Verdi in der Musikschule bei Ferdinando Provesi. In dieser Zeit entstehen bereits zahlreiche seiner Kompositionen: Märsche, Trios, Konzerte und geistliche Werke.[4]

Provesi führt Verdi in die Kirchenmusik und die Werke der Klassik ein. Schnell erkennt er das Talent des jungen Verdi und macht deutlich:

> „Wisset, mein Junge, wenn Ihr Euch beim Unterricht
> weiter so anstrengt wie bisher, dann werdet Ihr ein

---

[1] Meier, B., Giuseppe Verdi, S. 8.
[2] Beci, V., Verdi. Ein Komponistenleben, S. 31.
[3] ebd., S. 34.
[4] Meier, B., Giuseppe Verdi, S. 10.

ausgezeichneter Maestro werden [...] wegen Eurer grenzenlosen Liebe zur Musik."[5]

Verdi schließt die Schule 1827 mit dem Abitur ab. Bis 1829 nimmt er Unterricht bei Provesi. Sein Wunsch ist es, seine musikalische Laufbahn am Mailänder Konservatorium weiterzuführen. Finanzielle Unterstützung erhält er von Antonio Barezzi, dem Präsidenten der Philharmonischen Gesellschaft in Busseto, der auf Verdis Talent aufmerksam geworden ist.

Im Juni 1832 reist Verdi zur Aufnahmeprüfung nach Mailand. Er wird aber mit der Begründung abgelehnt, er habe kein Talent für die Musik und zudem das Mindestalter überschritten.[6] Weiter heißt es im Protokoll:

> „Der Klavierlehrer [...] war der Meinung, oben genannter Verdi müsse seine Handhaltung ändern, was, so sagte er, im Alter von 18 Jahren schwierig sei, dass er bei sorgfältigem und geduldigem Studium der Regeln des Kontrapunktes imstande sein wird, die eigene Phantasie, die er zu besitzen scheint, so weit zu zügeln, dass aus ihm ein annehmbarer Komponist werden könnte."[7]

Verdi bleibt dennoch in Mailand und nimmt Privatunterricht bei Vincenzo Lavigna, einem Orchestermusiker der Mailänder Scala.[8] Im Frühjahr wird Verdi der Mailänder Philharmonischen Gesellschaft vorgestellt und darf sofort das Dirigat eines Chores übernehmen. Hier schließt er wichtige Kontakte für seine weitere musikalische Laufbahn.

---

[5] Beci, V., Verdi. Ein Komponistenleben, S. 34.
[6] Mondwurf, G., Giuseppe Verdi und die Ästhetik der Befreiung, S. 101.
[7] Beci, V., Verdi. Ein Komponistenleben, S. 40.
[8] Pahlen, K., Giuseppe Verdi. La Traviata, S. 244.

Nachdem Verdi seine Studien 1835 beendet hat, geht er zurück nach Busseto, um sich für die Stelle des städtischen Musikdirektors zu bewerben. Es kommt zu einem Streit, in den die ganze Stadt miteinbezogen wird: Die politisch Konservativen bevorzugen einen anderen Kandidaten, Giovanni Ferrari, als Musikmeister, während die Liberalen hinter Verdi stehen. Ein Wettbewerb wird für die Stelle ausgeschrieben. Nachdem Ferrari nicht erscheint, wird Verdi städtischer Musikdirektor.[9]

Am 4. Mai 1836 heiratet Verdi Margherita Barezzi, mit der er schon seit 1832 als verlobt gilt. 1837 bekommt das Ehepaar eine Tochter, der ein Jahr später noch ein Sohn folgt.

Mehr und mehr sieht Verdi seine Zukunft als Opernkomponist. Deshalb siedelt die Familie im Spätsommer 1839 nach Mailand über.

Ein befreundeter Impresario hat Verdi bereits 1835 ein Libretto zur Verfügung gestellt. 1839 beendet Verdi die Oper, welche den Namen *Oberto* trägt. Im gleichen Jahr unterschreibt er einen Vertrag mit der Mailänder Scala, die sein Werk aufführen möchte. Zur damaligen Zeit sind die Programme der Opernhäuser immer auf Neuheiten aus. Zudem sorgen Werke unbekannter Komponisten für Gesprächsstoff und ziehen das Publikum an. Die Premiere von Verdis Debütstück findet am 17. November 1839 mit großem Erfolg statt; kurze Zeit später tritt die Oper ihren Siegeszug durch Europa an.[10]

---

[9] Beci, V., Verdi. Ein Komponistenleben, S. 43.
[10] ebd., S. 67.

Drei weitere Aufträge folgen: Die Verwechslungskomödie *Un giorno di regno* hat am 5. September 1840 Premiere. Der Erfolg bleibt jedoch aus. Es gibt zwei Gründe für den Misserfolg der Oper. Zum einen sind in der Zeit kurz vor Verdis Kompositionsbeginn sein Sohn und seine Frau gestorben, seine Tochter bereits ein Jahr zuvor. Es scheint offensichtlich unmöglich, vor diesem Hintergrund eine Opera Buffa zu schreiben. Zum anderen versucht Verdi, das komische Sujet in die Form der tragischen Oper zu zwängen. Er komponiert Arien statt verspielte Romanzen oder Arietten.[11]

Der zweite Auftrag ist die Vertonung des Librettos zu *Nabucco*, die am 9. März 1842 mit triumphalem Erfolg uraufgeführt wird. Der Gefangenenchor wird zur Hymne der liberalen Einigungsbewegung Italiens. Die Hauptrolle der Abigaille wird von der berühmten Sängerin Giuseppina Strepponi gesungen. Verdi sagt später über *Nabucco*:

> „Man kann wahrlich sagen, dass mit dieser Oper meine künstlerische Laufbahn begann."[12]

Nach dem Erfolg von *Nabucco* wird Verdi bewusst, dass Musik Einfluss auf die Gesellschaft nehmen kann – er als Einzelner kann durch sein Schaffen etwas bewegen.

Die nächste Oper steht ganz im Zeichen dieses neuen Bewusstseins.[13] Am 11. Februar 1843 wird *I Lombardi alla prima crocciata* mit Triumph uraufgeführt. Verdi wird schnell bekannt. Mehrere seiner Chöre aus *Nabucco* und *I Lombardi* werden auf

---

[11] Beci, V., Verdi. Ein Komponistenleben, S. 68.
[12] Mondwurf, G., Giuseppe Verdi und die Ästhetik der Befreiung, S. 222.
[13] Beci, V., Verdi. Ein Komponistenleben, S. 85f.

10

den Straßen als Manifestation des italienischen Patriotismus gesungen.[14]

Verdi unternimmt seine erste Auslandsreise nach Wien, wo er einer Aufführung seines *Nabucco* beiwohnt.[15]

Im Jahr 1843 bestellt das Teatro La Fenice in Venedig eine Oper bei dem namenhaften Komponisten. Auch die Opernhäuser Neapels und Roms geben Aufträge an Verdi. Er komponiert *Ernani* für Venedig, *I Due Foscari* für Rom und *Alzira* für Neapel. Alle werden ein Erfolg.

Verdi ist zu einem angesagten, reichen Komponisten aufgestiegen. Er bewohnt ein Haus im Aristokratenviertel Mailands und verkehrt in den nobelsten und gefragtesten Salons.[16]

Am 15. Februar 1845 wird *Giovanna d'Arco* vor einem begeisterten Publikum uraufgeführt. Die Kritiken sind jedoch gespalten.

1846 erkrankt Verdi am gastrischen Fieber, schreibt aber trotz Krankheit seinen *Attila*. Die Oper feiert am 17. März 1846 Premiere. Danach ist der Name Verdi nicht nur in Italien, sondern auch über die Grenzen hinaus ein fester Begriff.[17] Im selben Jahr fährt der geschwächte Komponist zur Kur nach Recoara.

Die Opern *Giovanna d'Arco*, *Alzira* und *Attila* bestätigen mit ihren patriotisch geprägten Inhalten Verdis Ruf als revolutionärer

---

[14] Pahlen, K., Giuseppe Verdi. La Traviata, S. 244.
[15] ebd., S. 244.
[16] Beci, V., Verdi. Ein Komponistenleben, S. 130.
[17] ebd., S. 143.

Komponist.[18] Es folgen *Macbeth* und *I Masnadieri* nach Schillers Werk *Die Räuber*.

1847 reist Verdi über die Alpen, Deutschland, Belgien, Paris und Brüssel nach London. Hier kommt *I Masnadieri* am 22. Juni mit mäßigem Erfolg zur Aufführung.

In Paris trifft Verdi die Sängerin Strepponi wieder, die sich nach ihrem Stimmverlust dort als Gesangslehrerin niedergelassen hat. Hier schreibt er eine Neufassung der Lombarden, die im November 1847 in der Grand Opéra aufgeführt wird. Er bleibt für einige Zeit in Paris und bezieht 1848 zusammen mit Giuseppina ein Haus im Vorort Passy.[19]

Bereits 1845 hat Verdi dem Verlagshaus Lucca die Oper *Il Corsaro* versprochen. Eiligere Projekte haben ihn aber bisher an der Fertigstellung der Komposition gehindert. Am 25. Oktober 1848 kommt sie schließlich in dem Teatro Grande in Triest zur Aufführung. Die Oper scheitert.

Im gleichen Jahr erhält Verdi die Ehre, eine Huldigungsmusik der Risorgimentobewegung zu schreiben. Dies gibt Hinweis auf seine politische Stellung in Italien:[20] Verdi ist erfolgreich und wird von den Italienern sehr verehrt, da seine Opern dem damaligen Publikum eine gegenwartsbezogene politische Botschaft gegen die aktuelle Fremdherrschaft der Österreicher vermitteln.

---

[18] Beci, V., Verdi. Ein Komponistenleben, S. 143.
[19] Meier, B., Giuseppe Verdi, S. 48.
[20] Beci, V., Verdi. Ein Komponistenleben, S. 189.

Als nächstes folgen die Opern *La battaglia di Legnano* und *Luisa Miller*. Während *La battaglia* in Rom Begeisterungsstürme auslöst, erringt *Luisa Miller* in Neapel nur einen Achtungserfolg.

Verdi bleibt bei kritischen Stoffen: Er beschäftigt sich mit dem Thema *King Lear* von Shakespeare. Schon lange hat Verdi die Popularität des englischen Dichters erkannt. Das Libretto müsste, in Anbetracht der Personenfülle, auf fünf Hauptrollen ausgelegt werden. Ein aufführungstechnisches Hindernis, da fünf Sänger ein zu großer finanzieller Aufwand sind und keine Primadonna eine zweite Partie übernehmen würde. Das Projekt wird zurückgestellt. Auch der *Hamlet*-Stoff interessiert Verdi.[21] Da er aber noch zwei Kompositionen zu schreiben hat, entscheidet er sich für kürzere Themen: *Stiffelio* und *Rigoletto*.

Am 16. November 1850 hat *Stiffelio* erfolglose Premiere. Er lässt ein verwirrtes Publikum zurück. Sakrales auf der Opernbühne darzustellen, ist Mitte des 19. Jahrhunderts noch nicht üblich.[22]

Bei *Rigoletto* kommt es zu enormen Zensurproblemen. Das Libretto muss mehrmals umgearbeitet werden, bis es zu einer Einigung mit den Behörden und zur Aufführungserlaubnis kommt.[23] Die Uraufführung findet am 11. März 1851 statt. Ein weiterer für seinen Weltruhm entscheidender Erfolg, obwohl Kritik laut wird, bezüglich eines körperlich Behinderten in der Titelrolle.[24]

---

[21] Beci, V., Verdi. Ein Komponistenleben, S. 227f.
[22] ebd., S. 214.
[23] ebd., S. 231.
[24] ebd., S. 236.

Verdi lebt mit seiner Lebensgefährtin Giuseppina seit 1849 in Busseto.[25] Mit seinem Welterfolg *Rigoletto* hat er genug Geld verdient, um sein bereits 1848 gekauftes Landgut Sant'Agata umzubauen, zu renovieren und mit Giuseppina dorthin überzusiedeln. Grund für den Umzug sind die ständigen Beleidigungen gegenüber der ehemaligen Sängerin. Sie wird als Theaterhure beschimpft und die uneheliche Beziehung der beiden wird nicht toleriert.[26]

Am 10. August 1851 erhält Verdi das Kreuz der Ehrenlegion, ein erneuter politischer Erfolg.

Im Jahre 1853 folgen zwei weitere Opern. *Il Trovatore* am Teatro Apollo in Rom und *La Traviata* im venezianischen Theater La Fenice. Damit sind die so genannten Operntrias, zu denen noch *Rigoletto* zählt, vollendet. Während der Uraufführung zu *Il Trovatore* am 19. Januar 1853 kommt es zu Tumulten im Publikum. Grund ist die neue Thematik: eine schonungslose Darstellung von Gewalt.[27]

Die Premiere der *La Traviata* am 6. März 1853 ist eine Katastrophe. Verdi sagt selbst:

> „Die Traviata gestern Abend ein Fiasko. Ist es meine Schuld oder die der Sänger? [...] Die Zeit wird richten."[28]

---

[25] Meier, B., Giuseppe Verdi, S. 151.
[26] Mondwurf, G., Giuseppe Verdi und die Ästhetik der Befreiung, S. 228.
[27] Beci, V., Verdi. Ein Komponistenleben, S. 266.
[28] Busch, H., Verdi Briefe, S. 49.

14

Bei einer erneuten Aufführung in Venedig am Teatro di San Benedetto ein gutes Jahr später verwandelt sich der Misserfolg des Vorjahres in einen bedeutenden Triumph.

Am 13. Juni 1855 wird *Les Vêpres Siciliennes* in Paris mit Erfolg uraufgeführt. Damit wagt sich Verdi erstmals auf das Gebiet der Grand Opéra vor. Seine Bemühungen, die italienische Opera Seria unter den Aspekten der Charakterzeichnung und der Vorherrschaft der Melodie gegenüber dem Wort zu erneuern, ist ihm in seinen Operntrias gelungen.[29] Er kann sich nun auf ein neues Gebiet begeben.

Verdi hält sich während der Vorbereitungszeit zu *Les Vêpres Siciliennes* in Paris auf. Schon während dieser Zeit arbeitet er an einer italienischen Fassung der Oper. Seine Abreise nach Italien wird durch seine Ernennung zum Ritter des Mauritius- und Lazarusordens und eine Affäre mit einer jungen Tänzerin des Theaters verzögert.

Am 12. März 1857 fällt *Simone Boccanegra* in Venedig durch. Die nächsten Jahre verbringt Verdi mit der Umarbeitung seines *Stiffelio* und der Vergrößerung seines Landbesitzes Sant´Agata, was ihn zum größten Gutsbesitzer in der Umgebung macht.[30]

Hier entsteht sein nächstes Projekt für das Opernhaus San Carlo in Neapel: *Un ballo in maschera*. Bereits Mitte der fünfziger Jahre hat Verdi die Idee, das Werk *Gustave III* zu vertonen. Das Theaterstück handelt von dem Schwedenkönig, der 1792 auf einem Ball ermordet wird. Niemals zuvor hatte Verdi so große

---

[29] Beci, V., Verdi. Ein Komponistenleben, S. 268.
[30] Pahlen, K., Giuseppe Verdi. La Traviata, S. 245.

Probleme mit der Zensur, wie bei dem Libretto zu *Un ballo in maschera*.

> „Ich stecke im tiefsten Pech! Die Zensur wird unser Libretto so gut wie sicher verbieten. Warum? Ich weiß es nicht! [...] Sie haben begonnen, bei ein paar Ausdrücken, ein paar Worten Argwohn zu hegen; von den Worten sind sie zu den Szenen gekommen, von den Szenen zum Sujet."[31]

Es werden Änderungen vorgeschlagen, die die Zensur nicht akzeptiert. Sie lehnt das Libretto völlig ab. Verdi zieht das Stück zurück und überraschenderweise bemüht sich der Impresario des Teatro Apollo in Rom um das Werk. Auch hier müssen einige Änderungen durchgeführt werden, aber bei weitem nicht so gravierende wie in Neapel.[32] Die Uraufführung am 17. Februar 1859 begeistert das Publikum. In den fünfziger Jahren wird Verdi zunehmend in Amerika populär.

Im Jahre 1859 heiratet Verdi Giuseppina. Im August wird er als Abgeordneter für die Deputiertenkammer nominiert. Verdi nutzt sein politisches Amt, um sich für ein verbessertes Studienangebot in den Konservatorien, bessere Kindergärten, Volksschulen und für die Kulturpolitik einzusetzen.[33] Ende des Jahres ernennt die Ácadémie Française, eine französische Gelehrtengesellschaft, Verdi zum Ehrenmitglied, eine seiner höchsten kulturellen Auszeichnungen. 1861 wird Verdi als Abgeordneter von Busseto für das Nationalparlament des Königreichs Italien in Turin gewählt.

---

[31] Busch, H., Verdi Briefe, S. 62/63.
[32] Beci, V., Verdi. Ein Komponistenleben, S. 293.
[33] ebd., S. 300f.

16

Verdi erhält einen Kompositionsauftrag vom Kaiserlichen Theater St. Petersburg. Die russische Metropole ist ein Musikzentrum, für das ein Komponist des 19. Jahrhunderts geschrieben haben muss, um als weltweit erfolgreich zu gelten.[34] Es entsteht die Oper *La forza del destino*. Die Uraufführung muss, aufgrund indisponierter Sänger, von Dezember 1861 auf den 10. November 1862 verschoben werden und geht mit großem Erfolg über die Bühne. Für seine Leistungen erhält Verdi vom Zaren den Stanislaus-Orden.

Es folgen die Umarbeitungen von *La forza del destino*, in eine mildere Fassung, und *Macbeth*. Auch ein neues Werk entsteht: Am 11. März 1867 wird *Don Carlos* in Paris uraufgeführt, findet beim Publikum jedoch keinen Anklang. Die Oper setzt sich in den kommenden Jahren dennoch auf den Bühnen der Welt durch.[35]

Im Sommer desselben Jahres singt die Sopranistin Teresa Stolz die Elisabeth in *Don Carlos*. Sie wird zu einer engen Vertrauten Verdis und hält sich oft in Sant′Agata auf. Ob die beiden eine Liebesaffäre haben, bleibt unklar.[36]

Im November 1869 wird das Kairoer Opernhaus mit *Rigoletto* eingeweiht, wenige Tage später der Suezkanal. Im Jahre 1870 erhält Verdi vom ägyptischen Vizekönig den Auftrag, eine neue Oper für die kommende Theatersaison zu komponieren.[37] Er schreibt *Aida*, deren Uraufführung in Kairo aufgrund des Deutsch-

---

[34] Beci, V., Verdi. Ein Komponistenleben, S. 305.
[35] ebd., S. 333.
[36] ebd., S. 339f. und Meier, B., Giuseppe Verdi, S. 114f.
[37] Gerhard, A., Verdi Handbuch, S. 461.

Französischen Krieges auf den 24. Dezember 1871 verschoben wird.[38] Ein erneuter stürmischer Erfolg kann verzeichnet werden.

1873 stirbt der Dichter Alessandro Manzoni. Verdi schreibt ihm zu Ehren eine Totenmesse. Das *Requiem* wird am 22. Mai 1874, anlässlich des ersten Todestages des Dichters, in Mailand aufgeführt.[39] Verdi wird für dieses Werk vom Staat zum Senator des Königreiches ernannt. Es folgt eine Tournee durch ganz Europa und 1877 die Teilnahme am Niederrheinischen Musikfest. Das *Requiem* beginnt seinen Siegeszug.

In den kommenden Jahren tritt Verdi in seinem musikalischen Schaffen zurück. Es finden nur Umarbeitungen alter Werke statt: *Simone Boccanegra*, *La forza del destino* und *Don Carlos*. Die Sommer verbringt er mit seiner Frau in Kurorten oder auf Sant'Agata, den Winter in seinem gemieteten Palazzo Doria in Genua.[40]

Ricordi, Eigentümer des größten italienischen Musikverlages, drängt Verdi zu einer neuen Oper. 1880 wird ihm das Libretto zu *Otello* vorgelegt. Aufgrund eines Schwächeanfalls und der anschließenden Verschlechterung des Gesundheitszustandes von Giuseppina zieht sich die Arbeit sehr mühsam hin.[41] Am 5. Februar 1887 wird die Oper in Mailand uraufgeführt.

1889 wird Verdi von seinem Librettisten, Arrigo Boito, zu der Idee des *Falstaff* angeregt. Er ist von dem Sujet begeistert und beginnt mit der Komposition seiner zweiten Komödie. Immer

---

[38] Pahlen, K., Giuseppe Verdi. La Traviata, S. 249f.
[39] Meier, B., Giuseppe Verdi, S. 117.
[40] ebd., S. 121.
[41] Beci, V., Verdi. Ein Komponistenleben, S. 386.

18

wieder erkrankt er und muss die Arbeit unterbrechen. Die Uraufführung am 9. Februar 1993 wird ein großartiges Ereignis.

Im Winter 1894 begibt sich der alte Verdi auf die Reise nach Paris, um der Aufführung seines *Falstaff* beizuwohnen. Die Reise ist für Giuseppina zu anstrengend: sie erkrankt erneut an schwerer Bronchitis und stirbt nach langer Krankheit am 14. November 1897.

Verdis letzte Lebensjahre zeichnen sich durch gelegentliche kleine Kompositionen und seine zahlreichen Hilfsprogramme aus. Er eröffnet ein Krankenhaus nahe Busseto, in dem die Behandlung für mittellose Patienten kostenlos ist, und gründet das Alters- und Versorgungsheim Casa di Riposa für greise und berufsunfähige Künstler.[42]

Ab dem Jahr 1900 hält sich Verdi die meiste Zeit im Grand Hôtel in Mailand auf. Seine Kräfte nehmen zusehends ab. Am 21. Januar 1901 erleidet er einen Schlaganfall und stirbt schließlich am 27. Januar 1901. Verdi wird auf einem kleinen Friedhof in Mailand neben Giuseppina beerdigt. Die Gebeine der beiden werden einige Monate später mit einer gewaltigen Totenfeier in die Gruft des Casa di Riposa überführt.[43]

---

[42] Pahlen, K., Giuseppe Verdi. La Traviata, S. 250.
[43] Meier, B., Giuseppe Verdi, S. 147.

## 1.2    Verdis Vorbilder

Zu Verdis Vorbildern zählen vier namenhafte Komponisten, die ihn in seinem Schaffen sehr geprägt haben: Vincenzo Bellini, Gioachino Rossini, Gaetano Donizetti und Giacomo Meyerbeer.[44]

Bellini sieht die Oper als Grenzform an, welche die Elemente der Opera Seria und neue romantische Ideen miteinander vereinen muss.[45] Grundsätzlich ist die Oper als „Huldigung an die Singstimme"[46] zu verstehen. Nicht umsonst wird Bellini auch als Meister des Belcanto bezeichnet. Arien werden nur von einzelnen Orchestergruppen begleitet, während der gesamte Orchester-apparat als Überleitung und Arieneinleitung verwendet wird.

Auch die Singstimme muss gewissen Ansprüchen genügen: Sie muss Elemente aus der Opera Seria mitbringen, wie Brillianz, Koloraturfähigkeit und gute Technik. Gleichzeitig sollen romantische Forderungen der Natürlichkeit, Einfachheit und Charakteristik enthalten sein.[47]

Bellinis Neigung zu weiten, lyrischen Einlagen übernimmt Verdi. Auch bei ihm werden schlichte Phrasen durch Verzierungen zu prächtigen Melodien ausgebaut.

Von Rossini überträgt Verdi die klar strukturierte Rhythmik auf seine Werke. Durchsichtigkeit, sowohl des Orchesters als auch der einzelnen Singstimmen, stehen bei ihm an erster Stelle.[48]

---

[44] Jansen, J., Oper, S. 117.
[45] Beci, V., Verdi. Ein Komponistenleben, S. 60.
[46] ebd., S. 60.
[47] ebd., S. 60.
[48] ebd., S. 61.

Donizetti steht in einem Konkurrenzverhältnis zu Verdi. Dennoch greift Verdi ein wichtiges inhaltliches Prinzip von Donizetti für sich auf: Ein Individuum soll in seiner Leidenschaft realitätsnah in der Oper dargestellt werden. Demgegenüber dienen Ensembleszenen dazu, unterschiedliche Charaktere kontrastierend und einander reflektierend gegenüberzustellen.[49]

Meyerbeer ist Vertreter der Grand Opéra in Frankreich.[50] Verdi, der sich während der Zeit der italienischen Revolten größtenteils in Paris aufhält, verehrt ihn und seinen Kompositionsstil sein Leben lang. Die durchkomponierten Szenen, die vor allem Verdis Spätwerke ausmachen, sind auf Meyerbeer zurückzuführen und eine Annäherung an die Grand Opéra.[51] Die Behauptung, dass Verdi mit der Durchbrechung der Nummernoper Richard Wagner nachahmt, ist nicht haltbar.

## 1.3　Kompositionsstil

Verdis Opern lassen sich in drei Phasen einteilen: Die Frühwerke (1839-1850), die mit den Operntrias beginnende Reifezeit (1851-1871) und die Spätwerke (1884-1887).[52]

Allen Opern Verdis liegt ein unauflösliches Geflecht von Gesellschaft, Politik und Musik zugrunde.[53] Stets beschreibt die Musik, zu welcher sozialen Schicht ein Charakter gehört. Aus ihr

---

[49] Beci, V., Verdi. Ein Komponistenleben, S. 63.
[50] Frank, A., Zwischen Bürgerhaus, Thron und Altar, S. 30.
[51] Rienäcker, G., Verdi-Dramaturgie heute, S. 97.
[52] Mondwurf, G., Giuseppe Verdi und die Ästhetik der Befreiung, S. 14.
[53] Beci, V., Verdi. Ein Komponistenleben, S. 8.

geht auch die politische Situation hervor: wer zu dem unterdrückten Volk und wer zu der herrschenden Klasse zuzuordnen ist. Dies wird vor allem in den Werken der Reifezeit deutlich, die fast ausschließlich eine Anklage an die Gesellschaft sind.

### 1.3.1 Melodiebildung

Verdi fordert klare und knappe Musik. Seine Melodien sind schlicht, niemals zu üppig. Die Worte, die seiner Musik zugrunde liegen, müssen klar, durchsichtig und kurz sein.[54]

Verdis Opern erhalten ihre Gestalt aus der vokalen Melodie. Die Worte müssen der Musik demnach Raum lassen, um sich frei entfalten zu können (Verdis Opernästhetik).[55]

In *I Due Foscari* hat Verdi seine charakteristischen Melodien erstmals durchgehend umgesetzt: einfache, aber ergreifende Melodien, die sich von den bis dahin kennzeichnenden, affektierten Arien der damaligen Zeit entfernen. Seine wiederkehrenden Motive, Instrumentalfarben und Klangfolgen können leicht erkannt werden und dienen so der allgemeinen Verständlichkeit.[56] Die Oper ist nicht mehr ausschließlich für gebildete Hörer, die Aristokratie und die Reichen bestimmt, sondern dient der Unterhaltung eines breit gefächerten Publikums.[57]

---

[54] Beci, V., Verdi. Ein Komponistenleben, S. 79.
[55] ebd., S. 210.
[56] Meier, B., Giuseppe Verdi, S. 24f.
[57] Pauls, B., Giuseppe Verdi und das Risorgimento, S. 161/165f.

Trotzdem baut auch Verdi Raffinessen in seine Musik ein: Er arbeitet mit rhythmischen Gegensätzen, großen Intervallsprüngen, Motivwiederholungen, Sequenzierungen und dem Kontrast langer und kurzer Notenwerte.[58]

Das Orchester muss sich bei Verdi dem Gesang unterordnen. Dabei hat es aber nicht nur begleitende Funktion, sondern einen selbstständigen Teil am Operngeschehen beizutragen. Es kommentiert und unterstreicht die Aussagen des Gesanges und wird so zu einer zusätzlichen Figur der Handlung.[59]

## 1.3.2  Rollentypen

In der typisch italienischen Oper gibt es drei Hauptfiguren. Auch Verdi und seine Librettisten bearbeiten die Sujets so, dass dieses Formprinzip erhalten bleibt.[60]

Gleichwohl sind Verdis Charaktere anders. Nicht das Schöne, sondern das Charakteristische soll dargestellt werden.[61] Ihm kommt es auf die inneren Werte der Figuren und ihrer Wandelbarkeit an. Ein guter Charakter ist der, der sich im Laufe der Oper verändert.[62] Diese Form der Charakterzeichnung hat Verdi in seinen Opern der Reifezeit vollendet: Während er zuvor mit Duetten und Ensembles arbeitete, um anhand von Gegenüberstellungen einen Charakter zu entwickeln, gelingt ihm dies in

---

[58] Beci, V., Verdi. Ein Komponistenleben, S. 79.
[59] ebd., S. 134.
[60] ebd., S. 131.
[61] Meier, B., Giuseppe Verdi, S. 40.
[62] Beci, V., Verdi. Ein Komponistenleben, S. 233.

seinen mittleren Werken in einer einzigen Arie, mit Hilfe der oben dargestellten Raffinessen der Melodik.[63]

Die konventionelle, italienische Opernform des 19. Jahrhunderts ist die Nummernoper. Eine Nummer, auch „Scene ed Arie" genannt, besteht aus Rezitativ, Cavatine, Rezitativ und Cabaletta.[64] Diese Form durchbricht Verdi in seinen mittleren Werken immer mehr, um einen Fluss zwischen den einzelnen Musiknummern herzustellen, der zu der Geschlossenheit in den Charakterzeichnungen beiträgt.

Ein besonderes Augenmerk liegt auf den Frauentypen, die Verdi in seinen Opern darstellt. Im 19. Jahrhundert gibt es zwei Frauentypen: den ruhigen, sich unterordnenden und demgegenüber den von der Gesellschaft nicht angesehenen, aktiven Frauentyp. Verdi dreht dieses Gesellschaftsbild in seinen Opern um.[65] Positive, ruhige Frauen haben keinen bemerkenswerten Charakter. Den besitzen allerdings seine boshaften, machthungrigen und gebrochenen Frauen. Sie sind interessant, machen oft eine Veränderung durch und stehen im Vordergrund der Handlung.

Bei allen Opern Verdis finden sich nur zwei Finallösungen. Entweder schließt der letzte Akt mit einer Versöhnungs- und Vergebungsszene (Bsp.: *Stiffelio, La Traviata, Simone Boccanegra*) oder mit einem hoffnungslosen Ende durch Mord oder Selbstmord (Bsp.: *Oberto, Otello*).[66]

---

[63] Beci, V., Verdi. Ein Komponistenleben, S. 209.
[64] Rienäcker, G., Verdi-Dramaturgie heute, S. 92.
[65] Beci, V., Verdi. Ein Komponistenleben, S. 134.
[66] ebd., S. 181.

24

## 1.4    Verdi und Verismo

Im 19. Jahrhundert ist das musikalische Schaffen größtenteils von der Romantik bestimmt.

In der Frühromantik (1800-1830)[67] hat die Oper die gesellschaftliche Funktion, von der Wirklichkeit abzulenken. Die Betonung liegt auf Phantasie, Gefühl und Naturnähe. Die Inhalte wenden sich verstärkt der Geschichte zu. Die Musik wird als eigenständige Welt der Töne angesehen, die subjektive Gefühle und Stimmungen ausdrücken soll.[68]

Die Hochromantik (1830-1850)[69] betont das Nationale.[70] Die politischen Bewegungen in ganz Europa spiegeln sich in musikalisch-dramatischen Darstellungen wieder.

In dieser Zeit komponiert Verdi seine Frühwerke, die sich durch ihre politische Aktualität in Bezug auf die Risorgimento-Bewegung Italiens auszeichnen.[71] Er schreibt also ganz unter dem vorherrschenden romantischen Stil.

Die Spätromantik umfasst die Jahre 1850-1890.[72] Die Musik wird nun vor allem durch den aufkommenden Naturalismus geprägt. Bürgerliche Werte und neue moralische Wahrheiten sollen vermittelt werden.

---

[67] Michels, U., dtv-Atlas Musik, Bd. 2, S. 401.
[68] Mondwurf, G., Giuseppe Verdi und die Ästhetik der Befreiung, S. 92.
[69] Michels, U., dtv-Atlas Musik, Bd. 2, S. 401.
[70] Meyers, Lexikon, S. 500.
[71] Mondwurf, G., Giuseppe Verdi und die Ästhetik der Befreiung, S. 83.
[72] Michels, U., dtv-Atlas Musik, Bd. 2, S. 401.

Der aufkommende Realismus und Naturalismus führt in der Musik Italiens gegen Ende des 19. Jahrhunderts zum Verismo.[73] Nicht mehr einzelne Affekte stehen im Vordergrund, sondern der wirkliche Mensch, der in seiner Vielfalt und Wandelbarkeit kompromisslos, klar und durchsichtig geschildert wird.[74] Es werden Bösewichte, Mörder und Intriganten auf der Bühne dargestellt. Nichts wird ausgelassen, um das Publikum vor den Kopf zu stoßen.

Das menschliche Individuum in der Gesellschaft wird Kern der Opernhandlungen. Die Musik tritt in den Dienst der Darstellung äußerer und innerer Vorgänge der Charaktere. Seelenvorgänge unterschiedlicher Menschen werden auf der Bühne gezeigt.[75] Handlungsschwerpunkte sind die zeitgenössischen sozialen Probleme aus dem Alltag des Volkes.[76]

Auch der sozialkritische Verdi komponiert im Sinne dieses Zeitgeistes und bereitet als Erster durch seine Opern (wie *La Traviata*) den Verismo vor.[77] Er liebt eine schonungslose Darstellung der Welt. Nicht Poesie steht im Vordergrund seiner Handlungen, sondern Realismus.[78] Bei seinen Charakteren kommt es auf die inneren Werte an. Ihr Äußeres oder das gesellschaftliche Ansehen ist nebensächlich.

---

[73] Dahlhaus, C., Brockhaus Riemann Musiklexikon, Bd. 4, S. 296.
[74] Mondwurf, G., Giuseppe Verdi und die Ästhetik der Befreiung, S. 190.
[75] Michels, U., dtv-Atlas Musik, Bd. 2, S. 409.
[76] Dahlhaus, C., Brockhaus Riemann Musiklexikon, Bd. 4, S. 296.
[77] ebd., S. 296.
[78] Beci, V., Verdi. Ein Komponistenleben, S. 164.

Dennoch wehrt er sich, eine Oper ganz im Sinne des Verismo zu schreiben. Eine reine Realitätsbeschreibung als Handlung findet er als Sujet unwürdig:

> „Das Wahre genau abzuklatschen, mag ja etwas Zweckdienliches sein. Aber das ist Photographie, kein Gemälde, keine Kunst."[79]

Verdi wehrt sich gegen Grenzen menschlicher Gefühle und Vorstellungswelten. Nie geht ihm das Bewusstsein für das Reale, gepaart mit dem Sinn für das Romantische, verloren.

In allen seinen Opern finden sich aktuelle Probleme des 19. Jahrhunderts wieder, die sich in drei Hauptgruppen unterteilen lassen:

1. <u>Politik:</u>  In vielen Opern stellt Verdi zwei politische Klassen gegenüber. Die Unterdrückten, mit denen sich das italienische Publikum aufgrund ihrer eigenen Geschichte stark identifiziert, und den Feind der Unterdrücker.

2. <u>Soziale Schichtungen:</u> Einige Sujets beinhalten die Thematik sich zwei gegenüberstehender Schichten. Dabei verwenden Verdi und seine Librettisten gerne kontrastreiche Exempel, beispielsweise Patrizier und Plebejer oder Adel und Bürgertum.

3. <u>Außenseiter der Gesellschaft:</u> Verdis Charakteren werden Schicksale auferlegt, die sie als Außenseiter brandmarken. So etwa Behinderungen, Irrsinn oder die Zugehörigkeit zu einer gesellschaftlich nicht angesehenen Gruppe.

---

[79] Michels, U., dtv-Atlas Musik, Bd. 2, S. 409.

## 1.5 Politische Situation des 19. Jahrhunderts in Italien: Risorgimento

Das Risorgimento ist eine am Liberalismus orientierte, politische und soziale Unabhängigkeitsbewegung,[80] die von den Idealen der Französischen Revolution (1796) geprägt ist. Ziel ist, die eigenstaatlichen Fürstentümer und Regionen Italiens in einen unabhängigen Nationalstaat zu verwandeln.[81]

Die Epoche, in der die Unabhängigkeitsbewegung stattfindet, wird ebenfalls als Risorgimento bezeichnet und umfasst die Jahre 1789-1871.[82]

Dem Risorgimento liegt die Ideologie eines Nationalismus zu Grunde. Dennoch gibt es unterschiedliche Interessengruppen:[83]

Die Liberalkonservativen, deren Ziel eine konstitutionelle, italienische Monarchie ist, und die Demokraten (auch Jakobiner genannt), die für eine demokratische Republik kämpfen.

Seit dem 16. Jahrhundert sind die italienischen Staaten und Fürstentümer Spielball der europäischen Großmächte.[84] Die Französische Revolution erweckt die Forderungen nach einer unteilbaren, italienischen Republik,[85] die die Bevölkerung mit mehreren Aufständen erfolglos zu erreichen versucht.

---

[80] Bertelsmann,Lexikon, S. 780.
[81] Beci, V., Verdi. Ein Komponistenleben, S. 156f.
[82] Stübler, D., Geschichte Italiens, S. 11.
[83] ebd., S. 23.
[84] Weidenfeld, C.G., Weltgeschichte, S. 395f.
[85] Beci, V., Verdi. Ein Komponistenleben, S.23.

Nach den Italienfeldzügen Napoléon Bonapartes gegen Österreich befindet sich die ganze Apenninen-Halbinsel unter französischer Herrschaft. Zwischen 1796 und 1802 werden hier verschiedenen Vasallenstaaten der französischen Republik gegründet.[86]

Mit der Ausrufung Napoléons zum Kaiser der Franzosen im Jahr 1805, schließt er die zuvor gegründeten Vasallenstaaten zu einem Königreich Italien zusammen (bestehend aus der Lombardei, Romagna, Umbrien und Venetien).[87] Bis 1809 wird auch das übrige Italien, bis auf die Inseln Sizilien und Sardinien, von Frankreich in Besitz genommen.

Damit kommen große soziale und politische Änderungen: Napoléon führt die Bürokratie und bürgerliche Rechte ein. Die feudale Ordnung wird abgeschafft und durch die Vereinheitlichung von Münzen, Maßen und Gewichten weitet sich der Markt aus.[88] Bei dem Volk, welches zunächst unzufrieden über die Unterwerfung durch Frankreich ist, stellt sich ein staatsbürgerliches Bewusstsein ein. Die Idee einer nationalen Einigung in einem freien Italien nimmt neue Formen an.

Nach dem Sieg der europäischen Großmächte in den Befreiungskriegen über Napoléon, wird beim Wiener Kongress (1814/1815) Italien neu aufgeteilt.[89] Spanien erhält Neapel-Sizilien, später Königreich beider Sizilien genannt. Die Österreicher bekommen die mittel- und oberitalienischen Fürstentümer, die Lombardei und Venetien zugeteilt. Der

---

[86] Beci, V., Verdi. Ein Komponistenleben, S. 24.
[87] Stübler, D., Geschichte Italiens, S. 16.
[88] ebd., S. 17.
[89] ebd., S. 17.

Kirchenstaat unter dem Papst wird politisch wiederhergestellt und das Königreich Sardinien-Piemont entsteht.

In Norditalien setzen von Österreich ausgehende Restaurationen ein.[90] Wichtige Reformen Napoléons werden rückgängig gemacht, was vor allem den Protest des aufgeklärten Bürgertums und Adels und einen wirtschaftlichen Rückschritt zur Folge hat.[91]

Ab 1820 erhebt sich massiver Widerstand in Form von Aufständen und anderen revolutionären Erhebungen. Diese gehen von dem Geheimbund der Carbonari aus, der eine Einigung Italiens als demokratische Republik fordert.[92] Die Revolutionen werden, trotz kleiner Erfolge, letztendlich niedergeschlagen.[93] Die Verschwörertaktik der Carbonari ist gescheitert, hat aber eine große öffentliche Diskussion bezüglich des zukünftigen Italiens unter der Bevölkerung ausgelöst.[94]

Papst Pius IX. führt 1846 zu Beginn seines Pontifikates einige Reformen ein. Hierzu gehören unter anderem die Bildung eines Staatsrates, die Gründung einer Bürgerwehr und die Möglichkeit zur Erlassung von Amnestien. Diese Reformen setzen andere Fürstentümer unter Druck. Es kommt zu weiteren Zugeständnissen:[95] Das Königreich Sardinien-Piemont erlässt 1848 eine Verfassung, die eine konstitutionelle Monarchie begründet. Liberale Gedanken nehmen in allen italienischen Staaten zu.

---

[90] Stübler, D., Geschichte Italiens, S. 18.
[91] Beci, V., Verdi. Ein Komponistenleben, S. 27.
[92] Reinhardt, V., Geschichte Italiens, S. 101.
[93] Stübler, D., Geschichte Italiens, S. 19f.
[94] ebd., S. 21.
[95] ebd., S. 26.

Die Jahre 1848/1849 bringen eine Welle von Revolutionen und Aufständen. Der erste Italienische Unabhängigkeitskrieg, ausgehend vom Königreich Sardinien-Piemont, gegen den Feind Österreich bricht aus, bei dem die Italiener im Juli 1848 unterliegen.[96]

Im März 1849 erklärt Sardinien-Piemont Österreich erneut den Krieg – ausgelöst durch das Volk, welches eine Fortsetzung der Unabhängigkeitskämpfe verlangt. Wieder unterliegt Italien, aber als erste, gesamt-nationale Revolution wirken die Jahre 1848/1849 anspornend und zukunftsträchtig im Risorgimento.[97]

Nach den Revolutionen 1848/1849 wird Turin Hauptstadt Sardinien-Piemonts und Zentrum des Risorgimento. Unter dem dortigen Ministerpräsident Cavour verändert sich die Strategie: Es wird zunehmend deutlich, dass Italien seine Einheit nicht ohne Hilfe erreichen kann. Bündnisse mit anderen Staaten sind notwendig.[98] Cavour schließt in einem Geheimvertrag ein Abkommen mit Kaiser Napoléon III. Somit steht Frankreich auf der Seite Italiens.[99]

Im April 1859 kommt es zum Zweiten Italienischen Unabhängigkeitskrieg zwischen Sardinien-Piemont und Frankreich gegen Österreich. Napoleon III. zieht sich, unter dem Druck der anderen Großmächte, die kein Interesse an einem geeinigten

---

[96] Stübler, D., Geschichte Italiens, S. 27f.
[97] ebd., S. 32.
[98] ebd., S. 33f.
[99] Weidenfeld, C.G., Weltgeschichte, S. 520.

Italien haben, aus dem Krieg zurück. Er schließt am 11. Juli 1859 einen geheimen Waffenstillstand mit Österreich.[100]

Nach weiteren Aufständen in Oberitalien wird ein Großteil der österreichischen Landesherren gestürzt. Im März 1860 kommt es zu einer von Napoléon geduldeten Volksabstimmung in den noch österreichischen Gebieten. Hier spricht sich die Bevölkerung mit großer Mehrheit für den Anschluss an das Königreich Sardinien-Piemont aus.[101]

Der Revolutionär Garibaldi schlägt in der Schlacht von Calatafimi mit seinem Heer aus Freiwilligen, hauptsächlich Kleinbauern und Landarbeiter aus den unterprivilegierten Schichten, im Jahre 1860 die Truppen des Königs von Neapel. Der *Zug der Tausend* bekommt immer mehr Zulauf.[102] Am 7. September 1860 ist das Königreich beider Sizilien von der Herrschaft der Spanier befreit. Garibaldi tritt von seinen politischen Machtansprüchen zurück, nachdem sich die Mehrheit der Bevölkerung, wie bereits in Norditalien, für einen Anschluss an das Königreich Sardinien-Piemont ausspricht.

Am 17. März 1861 wird in Turin die neue italienische Monarchie unter König Vittorio Emanuele II. ausgerufen.[103] Die Hoffnungen der Republikaner auf eine verfassungsgebende Nationalver-sammlung erfüllen sich nicht. Die sardinisch-piemontesische Verfassung wird auf das neue Königreich Italien übertragen, mit der die konstitutionelle Monarchie festgelegt ist.

---

[100] Stübler, D., Geschichte Italiens, S. 36.
[101] Reinhardt, V., Geschichte Italiens, S. 106.
[102] Weidenfeld, C.G., Weltgeschichte, S. 521.
[103] Reinhardt, V., Geschichte Italiens, S. 105.

Die europäischen Großmächte erkennen den neuen Staat Italien an, zu dem erst später der Kirchenstaat und das österreichische Venetien hinzutreten werden.

1866 schließen Italien und Preußen ein Bündnis, mit dem Ziel Österreich zu schwächen und so Venetien an Italien anzuschließen.[104] Nach dem Beginn des Deutschen Krieges zwischen Preußen und Österreich im Jahre 1866 erklärt am 20. Juni diesen Jahres auch Italien Österreich den Krieg (Dritter Italienischer Unabhängigkeitskrieg). Österreich verliert. Im Wiener Frieden am 3. Oktober 1866 wird Venetien als italienischer Besitz bestätigt.[105] Der Hauptfeind der Einigung Italiens, Österreich, ist damit aus dem Land vertrieben.

Der Restkirchenstaat bleibt Konfliktherd. Nach mehreren erfolglosen Einnahmeversuchen kommt Italien 1870 der Krieg zwischen Preußen und Frankreich gelegen. Während die französischen Truppen aus Rom abgezogen werden, um ihr Land im Krieg zu unterstützen, erobern italienische Truppen am 20. September 1870 den Kirchenstaat.[106] Der Papst bekommt seine weltliche Macht abgesprochen und eine Abstimmung ergibt eine breite Zustimmung für die Vereinigung des Kirchenstaates mit Italien.

Damit sind die Vereinigung Italiens und das Ziel des Risorgimento vollendet. 1871 wird die italienische Hauptstadt nach Rom verlegt.

---

[104] Stübler, D., Geschichte Italiens, S. 42.
[105] Mondwurf, G., Giuseppe Verdi und die Ästhetik der Befreiung, S. 306.
[106] Stübler, D., Geschichte Italiens, S. 42.

## 1.6 Soziale Schichtungen

Die Zugehörigkeit zu einer Schicht wird zunächst von der Herkunft der Familie bestimmt. In der Familie werden Wertvorstellungen und Normen vermittelt, die weitere soziale Merkmale, wie Denken und Verhalten, beeinflussen.[107] Diese Merkmale bestimmen den sozialen Status eines Individuums und damit auch die soziale Schicht, der es angehört.

Angehörige verschiedener Schichten weisen folglich unterschiedliche Einstellungen und Verhaltensmuster auf.[108] Demnach identifizieren sich Individuen mit der sozialen Schicht, der sie angehören.

Die sozialen Schichten vom 18. bis Anfang des 19. Jahrhunderts charakterisieren sich durch eine feudale Ständeordnung. Mitte des 19. Jahrhunderts findet eine Umstrukturierung der Stände in soziale Klassen statt.

### 1.6.1 Ständeordnung

Die Ständestruktur unterscheidet sich von Land zu Land. Stark verbreitet ist die Drei-Stände-Ordnung,[109] die sich in die Oberschicht, Mittelschicht und Unterschicht aufteilt.

Zu dem ersten Stand gehören alle Geistlichen und der Adel, der zweite Stand umfasst die Bourgeoisie, Großgrundbesitzer sowie die Feudalherren, und zu dem dritten Stand zählen Bauern,

---

[107] Forest-Streit, U., Soziale Schichten und kulturelle Variationen, S. 4.
[108] ebd., S. 3.
[109] Stübler, D., Geschichte Italiens, S. 12f.

34

Arbeiter und Handwerker. An der Spitze der jeweiligen Stände stehen der Papst, Bischöfe, Kaiser, Könige, Fürsten und das Bildungsbürgertum.[110]

In den einzelnen Schichten gibt es weitere Untergliederungen. Die Position jedes Einzelnen hängt von dem Beruf und dem Familienstand ab. Auch in der gleichen Schicht haben einzelne Individuen unterschiedliche Privilegien.

Alle Anderen, welche zu keinem der drei Stände gehören, sind den sogenannten unterständischen Gruppen zuzuordnen. Hierzu zählen die halb- und unfreien Bauern, das fahrende Volk, Verarmte, Minderheitenangehörige, Fremde und Bürger mit gesellschaftlich nicht angesehenen Berufen.[111] Dies sind Tätigkeiten, die mit unangenehmer Arbeit verbunden sind oder die als unmoralisch gelten, wie Kloakenreiniger, Sänger, Schauspieler, Tänzer und Prostituierte. Angehörige solcher Berufe bilden eine gesellschaftliche Randgruppe und können als Außenseiter der Gesellschaft bezeichnet werden.

## 1.6.2 Neuordnung der Klassen im 19. Jahrhundert

Im 19. Jahrhundert werden neue Ideologien geschaffen: Statt in einer Klasse untergeordnet zu sein, kann das Individuum versuchen, sich in den Klassen empor zu arbeiten. Die Möglichkeit hierzu liefert ein neues Bildungssystem, das allen Klassen offen steht.[112]

---

[110] Craig, G., Geschichte Europas, S. 18/19.
[111] Loeffler, S., „Hört ihr Leut, und lasst euch sagen".
[112] Knepler, G., Geschichte als Weg zum Musikverständnis, S. 510.

Die Klasse des Bildungsbürgertums wird dadurch zunehmend stärker, was zu einer Verbürgerlichung der Gesellschaft führt. Das Bürgertum wächst in seiner Bedeutung sogar über den Adel und wird zur herrschenden Klasse. Die Macht des Staates teilen sich Adel und Bürgertum als die obere Gesellschaftsschicht.

Auch die Arbeiter bilden eine wachsende Bevölkerungsgruppe, der es im Vergleich zu der oberen Klasse schlecht geht. Die Arbeiterbewegung entsteht. Es wird eine sozialistische Gesellschaft angestrebt, in der durch Neuverteilung des Eigentums das Elend der unteren Klasse abgeschafft wird.[113]

Die Neuordnung der Klassen ist zweiteilig geworden: Die obere soziale Schicht besteht aus dem Adel und dem Bildungsbürgertum. Arbeiter zählen zu der unteren Schicht.

Somit ist ein neues Geflecht an Gesellschaften und Interessengruppen entstanden, die das wirtschaftliche Leben bestimmen.[114]

### 1.6.3 Klassenordnungen in Italien

In Italien findet keine einheitliche Neuordnung der Klassen im 19. Jahrhundert statt. Auf dem Land bleibt die feudale Ständeordnung noch lange erhalten, während sich die sozialen Klassen in den Städten bereits im Wandel befinden. Daher ist eine klare Klasseneinteilung schwer möglich.[115]

---

[113] Craig, G., Geschichte Europas, S. 18.
[114] Beci, V., Verdi. Ein Komponistenleben, S. 202.
[115] Wörsdörfer, R., Klientel oder Klasse, S. 21.

Generell lässt sich feststellen, dass das Bürgertum als tragende wirtschaftliche Macht eine große politische Selbstbestimmung erreicht. Die Lage der Aristokratie, besonders des niederen Adels, verschlechtert sich mehr und mehr. Die Ehe zwischen Adeligen und Bürgern wird legitim. Der Adel ist so finanziell abgesichert, Bürgern gelingt der Aufstieg in eine höhere soziale Schicht.[116]

Aristokratie, Bildungsbürgertum und Militär sind die obere Klasse der städtischen Gesellschaft. Ihrer Unterhaltung ist alles andere untergeordnet. So sind die hohe Qualität der Opernhäuser und das rege abendliche Gesellschaftsleben zu erklären. Luxus, Leichtlebigkeit und Liberalität sind Kennzeichen der Metropolen.[117] Zahlreiche Salons dienen der gebildeten Gesellschaft als Unterhaltung und sind gleichzeitig Treffpunkt politischer Parteien.

Der Glanz der großen Städte täuscht über die Armut des bäuerlichen Alltags in den Dörfern hinweg.[118]

In den Einzelstaaten Italiens ist ein agrarisches Wirtschaftssystem vorherrschend, bestehend aus der Oberklasse der Gutsbesitzer (Adel oder Bildungsbürger) und ihren Pächtern, Bauern und Tagelöhnern.[119] Hier herrscht noch eine feudalistische Gesellschaftsordnung vor.

---

[116] Beci, V., Verdi. Ein Komponistenleben, S. 202.
[117] ebd., S. 54.
[118] Pauls, B., Giuseppe Verdi und das Risorgimento, S. 156.
[119] Wörsdörfer, R., Klientel oder Klasse, S. 12f.

### 1.6.4 Frauen in der Gesellschaft Verdis

Das 19. Jahrhundert hat ein zweigeteiltes Frauenbild: Die ergebene Liebende und die herrschsüchtig Aktive.[120]

Agierende Frauen, sei es im privaten Bereich oder im öffentlichen Leben, werden negativ von der Gesellschaft beurteilt.

Die „gute" Frau muss passiv sein. Ihre Aufgaben bestehen darin, sich um den Haushalt zu kümmern und für den Mann zu sorgen. Politisch aktive, oder gar an der Emanzipation beteiligte Frauen, sind nicht angesehen. Aktivität, Entscheidungswille und Kraft sind Begriffe, die nur dem Mann zugesprochen werden.[121]

## 1.7 Außenseiter der Gesellschaft

Überall, wo es Gemeinschaften mit sozialen Normen und Werten gibt, existieren auch Normbrecher, die aus der Gesellschaft ausgeschlossen sind. Diese Außenseiter haben die Grenzen der herrschenden Wertvorstellungen überschritten, die die Gesellschaft festgelegt hat. Dadurch entsteht eine große soziale Distanz, die bestimmte Individuen als nicht zugehörig identifiziert. Außenseiter sind damit Fremde in der Gesellschaft.

Das Gesellschaftsbild des 19. Jahrhunderts ist von vielen Außenseiterrollen geprägt. Im Folgenden werden diese in verschiedene Hauptgruppen unterteilt, um zu verdeutlichen, warum sie nicht akzeptiert und von der Gesellschaft ausgeschlossen werden.

---

[120] Beci, V., Verdi. Ein Komponistenleben, S. 108.
[121] ebd., S. 108.

38

## 1.7.1 Sängerinnen, Schauspielerinnen und Tänzerinnen

In der Gesellschaft des 19. Jahrhunderts ist es üblich, jeder Frau, die am Theater arbeitet, Affären nachzusagen und illegitime Kinder zuzusprechen.

Abb. 1: Sängerin Giuseppina Strepponi, in einer Darstellung von Scuola pittorica italiana (1842).

In der Tat ist es verbreitet, dass Frauen am Theater mit ihrem Vertrag ihre ständige Verfügbarkeit unterschreiben. Nicht selten agieren die Impresarios als Kuppler, die wohlhabenden

Opernbesuchern die Garderobentüren öffnen, um diese so als ständige Besucher an das Theater zu binden.[122]

Abb. 2: Tänzerin Maria Taglioni, in einer Darstellung von J.S. Templeton (1845).

---

[122] Beci, V., Verdi. Ein Komponistenleben, S. 99.

Sängerinnen, Schauspielerinnen und Tänzerinnen haben eine doppelte Funktion: ihre Rolle zu spielen und gleichzeitig ein Anreiz für die Männer zu sein. Denn schließlich sind es Männer, welche die Eintrittskarten und Abonnements kaufen. Frauen dürfen nicht alleine ins Theater gehen.

Aber in den Künstlerverträgen wird nicht nur ständige Verfügbarkeit unterzeichnet. Auch Eheschließungen, Schwangerschaften und öffentliche Affären sind verboten.[123] Das männliche Publikum soll vorgespielt bekommen, die Künstlerin sei noch zu haben. Gerüchte über heimliche Beziehungen – die demnach einige Theaterdamen haben – ziehen zudem ebenfalls neugierige Zuschauer an.

Ein weiteres Problem ist, dass Künstlerinnen oft mit den Rollen, die sie spielen, identifiziert werden.[124] In Opernstoffen des 19. Jahrhunderts verkörpern sie meist Verführerinnen oder Kurtisanen. Diese Identifikation trägt dazu bei, das Ansehen der Künstlerinnen in der Gesellschaft zu untergraben.

## 1.7.2 Prostituierte

Verdis Jahrhundert ist von einer Doppelmoral geprägt: Einerseits wird auf Anstand, Moral und sittliches Verhalten sehr hohen Wert gelegt. Diese Eigenschaften sind wichtigster Bestandteil des gesellschaftlichen Lebens (es werden zum Teil gerichtliche

---

[123] Beci, V., Verdi. Ein Komponistenleben, S. 99.
[124] ebd., S. 104.

Sanktionen wegen Obszönität verhängt). Andererseits besteht ein großes Interesse am Verbotenem und Unanständigem.[125]

Abb. 3: Eugenie Doche in der Rolle der Kurtisane Marguerite Gautier, in einer Darstellung von Richard Buckner (1857); Abb. 4: Kurtisane Marie Duplessis, in einer Darstellung eines unbekannten Künstlers (1840-1847).

Das Nachtleben der Metropolen ist sehr frei. Der Besuch von Bordellen und Clubs wird stärker toleriert, als in den Jahrhunderten zuvor,[126] dennoch werden die Damen, die dem Beruf der Prostituierten nachgehen, verachtet und in der Gesellschaft nicht akzeptiert. Sie nehmen eine Außenseiterrolle ein und verkehren nur in Kreisen ihresgleichen.

---

[125] Mehnert, H., Giuseppe Verdi. La Traviata. Textbuch, Nachwort S. 110.
[126] Beci, V., Verdi. Ein Komponistenleben , S. 104.

42

## 1.7.3 Behinderte

Körperlich Behinderte sind im 19. Jahrhundert Ausdruck seelischer Verkrüppelung. Sie werden auch als geistig zurückgeblieben verurteilt.[127]

Geistige und körperliche Behinderungen werden als Bestrafung angesehen. Hier spielt das Thema Erbsünde eine entscheidende Rolle.

Abb. 5: Hofnarr Sebastián de Morra, in einer Darstellung von Diego Velázquez (um 1643).

Behinderte werden von der Gesellschaft verachtet und weggesperrt. Reiche Familien halten ihre kranken Familienmitglieder

---

[127] Beci, V., Verdi. Ein Komponistenleben, S. 239.

unter Betreuung in abgeschiedenen Teilen ihrer Häuser oder in Sanatorien. Vom gesellschaftlichen Leben sind Behinderte völlig ausgeschlossen.[128] Ärmere Familien geben ihre Kranken in staatliche Irrenanstalten.

Abb. 6: Hofnarr Don Juan de Calabazas, in einer Darstellung von Diego Velázquez (1639).

Eine Existenzberechtigung finden Behinderte nur in Form von Hofnarren, Zirkusleuten oder Monsterschauen auf Jahrmärkten.[129] Ernst genommen werden sie nicht.


## 1.7.4  Minderheiten

Weitere Minderheiten, die von der Gesellschaft nicht akzeptiert werden, sind Ausländer. Eine besondere Ablehnung wird den Menschen entgegengebracht, deren Land eine Besatzungsmacht ist. Im Falle Italiens sind dies, wie bereits aus dem Kapitel 1.5 „Politische Situation des 19. Jahrhunderts in Italien: Risorgi-

---

[128] Beci, V., Verdi. Ein Komponistenleben , S. 239.
[129] ebd., S. 239.

44

mento" hervorgeht, Österreicher und Spanier. Aber auch alle anderen Besatzungsmächte stehen in einem Außenseiterverhältnis zu der italienischen Gesellschaft, die aufgrund ihrer eigenen Erfahrungen mit allen unterdrückten Völkern sympathisiert.

Menschen, an deren Aussehen erkennbar ist, dass sie zu einer anderen Nationalität gehören, werden ebenfalls nicht akzeptiert. Hierzu zählen vor allem Schwarze, die sich allein durch ihre Hautfarbe von dem normalen Erscheinungsbild der europäischen Gesellschaft im 19. Jahrhundert abheben.

Ebenfalls zu den am Rande der Gesellschaft stehenden Minderheiten zählen alle Gläubigen, die nicht dem Katholizismus angehören. Ob es sich dabei um Angehörige einer anderen Weltreligion oder einer Sekte handelt, bleibt nebensächlich.

## 1.8    Außenseiterrollen in Verdis Opern

In der Gesellschaft existieren zwei Arten von Außenseitern: Der existentielle und der intentionale Außenseiter.[130]

Bereits die Begriffe verdeutlichen, was die beiden Typen auszeichnet. Der intentionale Außenseiter ist aufgrund seiner eigenen, freien Entscheidung von der Gesellschaft ausgeschlossen. Er ist in seinem Handeln zielgerichtet und verfolgt eine bestimmte Intention, wohlwissend, dass er sich damit zu einer Außenseiterfigur macht. Hierzu zählen unter anderem Terroristen und Zugehörige gewalttätiger Gruppen.

---

[130] Abels, N., Ein Buckliger, der singt?, S. 59.

Für Verdi und seine Opernstoffe ist der intentionale Außenseiter uninteressant. Seine Charaktere zeichnen sich durch ein Schicksal aus, welches ihnen von Außen auferlegt wird. Einer Bürde, die sie in der Gesellschaft als Außenseiter festlegt. Genau dies ist die Definition des existentiellen Außenseiters, für den sich Verdi interessiert und der für viele seiner Charaktere die Grundlage darstellt. So ist Rigoletto durch seine Behinderung gezeichnet, Macbeth und Nabucco durch ihren Irrsinn und Azucena durch die Zugehörigkeit zu der gesellschaftlich nicht angesehen Randgruppe der Zigeuner, um nur einige beispielhafte Charaktere zu nennen.[131]

---

[131] Abels, N., Ein Buckliger, der singt?, S. 59.

## 2.   Charaktere in Verdis Opern

Die Opern Verdis schenken dem Individuum und der Personencharakterisierung besondere Beachtung. Seine Individuen sind Träger der dramatischen Handlung: aktiv handelnd, passiv leidend und nach Glück strebend, das sie in der Liebe oder im Erlangen von Macht zu finden meinen.[132]

Die einzelnen Charaktere sind durch soziale Beziehungen bestimmt, die verdeutlichen, in welchem gesellschaftlichen Umfeld das Individuum steht. Menschen repräsentieren unterschiedliche Klassen und Schichten, die Verdi versucht, in seinen Opern aufzuzeigen.[133] Dabei ergreift er vor allem Partei für die ins Elend geratenen, gleich welcher Herkunft oder welcher gesellschaftlichen Rolle.

In den Opern Verdis lässt sich folgende Grundstruktur erkennen: Raster und Schichten einer Gesellschaft werden aufgezeigt, die enorme Macht über ein Individuum, vor allem über die Liebe zweier Menschen, besitzen. Die Liebesgeschichten selbst dienen dabei lediglich als Argument, um das Handeln der Gesellschaft zu verdeutlichen.[134]

Demnach erhalten die Stimmen der Massen und des Volkes hohes Gewicht, was auf der Bühne durch Chöre dargestellt wird. Diese werden so zu Handlungsträgern und nehmen aktiv am Operngeschehen teil.[135] Die Einführung des Chores in die Oper

---

[132] Frank, A., Zwischen Bürgerhaus, Thron und Altar, S. 11f.
[133] Rienäcker, G., Verdi-Dramaturgie heute, S. 99.
[134] Beci, V., Verdi. Ein Komponistenleben, S. 114.
[135] Mondwurf, G., Giuseppe Verdi und die Ästhetik der Befreiung, S. 139.

und seine Integration in den gesamtdramatischen Zusammenhang durch Verdi, gilt als wichtige Neuerung im Gattungsbereich der Oper.[136]

Die Diskussionen um Größe, Menschlichkeit und Unmenschlichkeit sind Themen, die im Mittelpunkt jeder Oper Verdis stehen. Im Allgemeinen lässt sich feststellen, dass Verdi fast immer eine am Rande der Gesellschaft stehende Figur zu einem Hauptprotagonisten macht. Die Figur des Außenseiters ist in den frühen, risorgimentalen Opern der Exilant und Verfolgte, in den späteren Opern der Ausländer, der nicht Standesgemäße und der körperlich Missgebildete.

Diese These wird im Folgenden genauer betrachtet. Mit Hilfe der Einteilung in die Frühwerke, die Reifezeit und die Spätwerke werden Verdis Opern bezüglich sozialer Schichten, Außenseiterrollen und Politik untersucht.

## 2.1    Die Frühwerke (1839-1850)

Die Operninhalte der Frühwerke stehen eng mit dem Wunschgedanken einer Befreiung Italiens und der Emanzipation des Volkes, also dem Risorgimento, in Verbindung.[137] Meist wird eine unterdrückte Klasse dargestellt, die um politisches Mitspracherecht kämpft und gegen die Fremdherrschaft protestiert. Oft dienen geschichtliche Episoden als Sujetvorlage, deren Darstellung verdeutlicht, dass die Entwicklung nationaler

---

[136] Frank, A., Zwischen Bürgerhaus, Thron und Altar, S. 207.
[137] Mondwurf, G., Giuseppe Verdi und die Ästhetik der Befreiung, S. 129.

48

Geschichte ohne die aktive Mitwirkung des Individuums nicht möglich ist.[138]

Ein weiteres charakteristisches Merkmal Verdis früher Werke ist die Darstellung stereotyper Figurenzeichnungen, wie die des Gewaltherrschers, des Exilanten, des unschuldigen Mädchens, des Verräters oder Kriegers.[139] Stets nehmen Einzelpersonen die Außenseiterrollen der Handlung ein, wie Abigaille in *Nabucco* oder Geselda in *I Lombardi.*

Auch die dramatischen Situationen beziehen sich auf einzelne Personen. Individualschicksale stehen im Vordergrund. Dabei werden monumentale Handlungen mit einzelnen Individuen verknüpft, ein Prinzip, welches auch Meyerbeer in seinen Grand Opéras umsetzt.[140]

Bereits in seinen ersten Opern versucht Verdi, sowohl in der Handlung als auch in der Musik, die inneren psychologischen Entwicklungen der Figuren zu verdeutlichen. Dies gelingt ihm in seinen frühen Werken nur bedingt. Es bleibt zunächst bei Versuchen, alles auf eine nach Möglichkeit durchgehende Linie zu bringen.[141] Die Vollendung einer durchgängigen Handlung und der für Verdi so typischen Charakterzeichnung, erreicht er in seinen Werken der Reifezeit.

---

[138] Frank, A., Zwischen Bürgerhaus, Thron und Altar, S. 84.
[139] ebd., S. 95.
[140] ebd., S. 91f.
[141] Rienäcker, G., Verdi-Dramaturgie heute, S. 91f.

### 2.1.1 Oberto, conte di San Bonifacio (Libretto: A. Piazza, T. Solera)

In *Oberto* wird das Leben der höfischen Gesellschaft, der obersten sozialen Schicht, beschrieben. Es werden keine anderen Gesellschaftsklassen dargestellt. Die Gegenüberstellung unterschiedlicher Schichten, um Kontraste besser darzustellen, verwendet Verdi erst in *Nabucco*.

Alle Charaktere gehören dem Adel an. Riccardo hat trotz seines Eheversprechens die Tochter Obertos verlassen. Damit hat er nicht nur seine Braut gekränkt, sondern auch die Familienehre beschmutzt, die in den oberen Gesellschaftsschichten des 19. Jahrhunderts eine bedeutende Rolle spielt. Natürlich sinnen Vater und Tochter auf Rache.

Grund für Riccardos Handeln ist Machtgier. Er entscheidet sich für eine Vermählung mit einer Fürstin. Diese Verbindung verschafft ihm große Macht, die er für einen Sieg über seine Feinde nutzen möchte.

Verdi zeigt in *Oberto* zwei große Themen auf, die für den Adel und die soziale Schicht, die er vertritt, so charakteristisch sind: Das Streben nach Macht und die Ausübung von Rache, die meist durch gekränkte Eitelkeit oder Ehrverletzung ausgelöst wird.

### 2.1.2 Un giorno di regno (Libretto: F. Romani)

*Un giorno di regno* ist eine Opera Buffa. Verdi, dessen Repertoire 26 Opern umfasst, schreibt neben dieser nur noch die komische

50

Oper *Falstaff*. Alle anderen Werke zählen zu der Gattung der Opera Seria.

Wie bereits in *Oberto* gehören auch in *Un giorno di regno* alle Charaktere dem Adel an. Handlungsschwerpunkt sind allerlei Verwechslungen, wie es in der Opera Buffa oft üblich ist: Ein König, der nicht der wirkliche König ist, und zwei Paare, die letztendlich doch jemand ganz anderen heiraten als ursprünglich geplant.

### 2.1.3   Nabucco (Libretto: T. Solera)

Die erste Oper, die ganz im Zeichen des Risorgimento steht, ist *Nabucco*. Erstmals in einem Werk Verdis treten zwei unterschiedliche Gesellschaftsschichten auf. Einerseits die unterdrückten Juden, andererseits die der babylonischen Feinde. Damit stehen sich Herrschende und Beherrschte gegenüber.

*Nabucco* erweist sich als wahrer Gefühlsspiegel seiner Zeit. Die Sujetvorlage aus dem alten Testament ist stark revolutionär. Die Geschichte der jüdischen Gefangenen lässt sich schnell mit der Unterdrückung, dem Leiden und dem Befreiungsversuch der Italiener gleichsetzen.[142]

Durch die häufige Tonfolge punktierte Viertel, Achtel und Intervallsprung aufwärts erzeugt Verdi eine Aufbruchsstimmung (später auch Risorgimento-Geste genannt), die der Situation des italienischen Volkes genau entspricht: Der Aufbruch zu einem

---

[142] Beci, V., Verdi. Ein Komponistenleben, S. 81.

freien, geeinten Italien.[143] Besonders bedeutend ist in diesem Zusammenhang der Gefangenenchor „Va, pensiero, sull'ali dorate", der zu einem Kennzeichen der italienischen Unabhängigkeitsbewegung aufgestiegen ist. Verdis Formprinzip, den Chor als aktiv am Operngeschehen teilnehmende Instanz in die Handlung zu integrieren, hat sich mit *Nabucco* sehr früh durchgesetzt.

Das in Verdis Gesellschaft vorherrschende Frauenbild wird in *Nabucco* umgekehrt. Abigaille ist die erste aktionsgetriebene Frauengestalt Verdis.[144] Aufgrund ihrer Wut- und Verzweiflungsausbrüche entspricht sie nicht dem Ideal der passiven Frau des 19. Jahrhunderts. Abigaille ist nicht das, was sie scheint. Als Tochter des babylonischen Herrschers wäre ihr ein anderes Benehmen zuzuschreiben. Im Laufe der Oper wird aufgeklärt, dass sie nicht die leibliche Tochter Nabuccos, sondern das Kind von Sklaven ist. Damit gehört sie nicht mehr der herrschenden gesellschaftlichen Schicht an. Abigaille wird eine doppelte Außenseiterrolle zugeschrieben: Einerseits steht sie als Babylonierin auf der Seite der Unterdrücker, wird damit von dem jüdischen Volk gesellschaftlich nicht angesehen; Abigaille ist der politische Feind. Andererseits zählt sie als Sklaventochter zu einer Minderheit im eigenen Volk.

Auch Nabucco stellt eine Außenseiterrolle dar, indem er dem Wahnsinn verfällt. Geistige Umnachtung ist eine Form von Irrsinn und damit Behinderungen gleichzusetzten. Wie beschrieben, rufen diese in der Gesellschaft des 19. Jahrhunderts große Verachtung hervor.

---

[143] Beci, V., Verdi. Ein Komponistenleben, S. 80.
[144] ebd., S. 108.

## 2.1.4 I Lombardi alla prima crocciata (Libretto: T. Solera)

Auch in der Oper *I Lombardi*, später von Verdi umgearbeitet und *Jérusalem* genannt, ist es ein Chor, der dem Freiheitswillen der Italiener Ausdruck verleiht. Die Pilger werden mit den liberalen Italienern gleichgesetzt, die für eine gerechte Sache eintreten. Die Sarazenen verkörpern in einer Interpretation unter dem Aspekt des Risorgimento die österreichischen Unterdrücker und damit die politischen Außenseiter. Wieder stehen sich zwei politische Schichten gegenüber.

Die Außenseiterrolle der Oper nimmt der Exilant Pagano ein. Wegen eines Mordanschlags auf seinen Bruder ist er des Landes verbannt worden. Nach seiner Rückkehr sinnt er weiter auf Rache. Er tötet aus Versehen seinen Vater, in dem Glauben, seinen Bruder vor sich zu haben.

Pagano ist ein Mensch, der nur an sich und seine Rachegefühle denkt. Seine Ziele versucht er mit aller Macht zu erreichen. Zum Ende der Oper verändert sich sein Charakter aber zum Guten. Er bereut seine Taten und ihm wird verziehen.

## 2.1.5 Ernani (Libretto: F.M. Piave)

Die Oper *Ernani* lässt sich ebenfalls unter dem Gesichtspunkt einer Befreiungshandlung von Fremdherrschaft interpretieren.[145] Es wird das Selbstverständnis der bürgerlich-aristokratischen

---

[145] Mondwurf, G., Giuseppe Verdi und die Ästhetik der Befreiung, S. 151.

Gesellschaft sowie deren Begriff von Ehre und der Stil des autoritären Regimes Frankreichs in Frage gestellt.

Die Außenseiterrolle nimmt der geächtete Banditenhauptmann, Ernani, ein. Nach der Ermordung von Ernanis Vater beraubt ihn der neue König all seiner Güter und seiner Stellung. Er ist ein Opfer der Macht, also ein existentieller Außenseiter, und nicht durch eigenes Verschulden der gesellschaftlichen Randgruppe der Räuber zugehörig.

### 2.1.6   I due Foscari (Libretto: F.M. Piave)

Bei *I due Foscari* handelt es sich um die erste Oper, die nicht die Probleme einer ganzen Gesellschaft und die verschiedenen sozialen Schichten behandelt, sondern welche die Beziehung zweier Menschen in den Vordergrund stellt. Die Handlung steht unter einem privaten Blickwinkel, dem Verhältnis zwischen Vater und Sohn. Sie kann als ein Experiment Verdis mit den Figuren-charakteristiken und der Dramenstruktur verstanden werden.

Der Doge Francesco ist seinem Land verpflichtet. Daher muss er die Entscheidung des Rates akzeptieren, seinen Sohn Jacobo wegen Mordes und Staatsverrates in lebenslanges Exil zu schicken. Francesco ist zwischen Staatspflicht und Vaterliebe hin- und hergerissen, denn sein Amt verbietet ihm, für den Sohn Partei zu ergreifen.

Aus der Thematik der Oper wird deutlich, wie wichtig im 19. Jahrhundert die Politik eingestuft wird. Sie steht an oberster Stelle. Das Handeln jedes einzelnen Menschen muss einer funktionie-renden Politik dienen.

54

Als verbanntem Mörder wird Jacobo die Außenseiterrolle zugeschrieben. Abgesehen von seiner Familie, die an seine Unschuld glaubt, wird er von der Gesellschaft für seine Taten verachtet. Auch die soziale Schicht des Bildungsbürgertums, der er als Sohn des Dogen angehört, grenzt ihn aus ihren Kreisen aus.

### 2.1.7  Giovanna d´Arco (Libretto: T. Solera)

In *Giovanna d'Arco* stehen wieder die Probleme einer ganzen Gesellschaftsschicht im Vordergrund. Die Idee des Risorgimento wird behandelt. Frankreich wird von den Engländern besetzt und versucht, sich durch Schlachten von den Unterdrückern zu befreien.

Giovanna nimmt infolge ihrer religiösen Bestimmung eine Sonderstellung ein.[146] Im Normalfall spielen Frauen keine eigene politische Rolle, sondern unterstützen die Rolle des Mannes. Giovanna dagegen zieht als Künderin Gottes in die Schlacht und hebt sich damit als Kriegerin von den anderen Frauen ab. Unter diesem Gesichtspunkt ist Giovanna eine Außenseiterin.

### 2.1.8  Alzira (Libretto: S. Cammarano)

Verdis *Alzira* bedient sich eines alten Prinzips: Die Chöre repräsentieren die politisch unterdrückten Inkas, die sich gegen eine unrechtmäßige Besatzerschaft der Spanier auflehnen.[147]

---

[146] Frank, A., Zwischen Bürgerhaus, Thron und Altar, S. 167.
[147] Mondwurf, G., Giuseppe Verdi und die Ästhetik der Befreiung, S. 168.

Erstmals in einer Oper Verdis werden die politischen Außenseiter als Spanier bezeichnet. Dies entspricht der wirklichen Situation im 19. Jahrhundert, in dem die Spanier Besatzungsmacht im Königreich beider Sizilien sind. Leicht lassen sich die Italiener mit den Inkas gleichsetzten, die versuchen, durch Aufstände und Krieg ihre Freiheit wiederzuerlangen.


### 2.1.9   Attila (Libretto: T. Solera, F.M. Piave)

Die Konfrontation zwischen Völkern und Religionsgemeinschaften, in welche die persönlichen Konflikte eingearbeitet sind, steht im Zentrum der Oper.[148]

Im Verlauf der Handlung dringt Attila mit seinen Hunnen bis Venedig vor. Damit ist, im Gegensatz zu den vorhergehenden Risorgimento-Opern, ein direkter Bezug zu Italien gegeben und das revolutionäre Potential folglich größer. Die Gewaltherrschaft Attilas wird als ungerecht, die Beseitigung dieser als moralisch berechtigt dargestellt.

Neben *Macbeth* findet sich in der Oper *Attila* in der Rolle der Odabella eine der aktivsten Frauengestalten Verdis. Sie verkörpert den italienischen Standpunkt: Ihr Vater wurde von den politischen Außenseitern, den Hunnen, auf ihrem Eroberungsfeldzug durch Italien ermordet und Odabella als Gefangene genommen. Obwohl sie zu den Unterdrückten gehört, wird ihr Charakter negativ dargestellt. Sie verhindert, dass Attila einen vergifteten Trank zu sich nimmt, um sich später selbst an ihm rächen zu können.

---

[148] Anselm, G., Verdi Handbuch, S. 344.

56

Hierbei handelt es sich um ein wichtiges Merkmal Verdis: Es gibt keine Figuren, die zu den Guten gehören und gleichzeitig einen ausschließlich positiven Charakter haben. Keine Figur wird nur positiv oder nur negativ dargestellt.[149] Dieses Merkmal wird als Schwarz-Weiß-Charakterisierung bezeichnet. Auch der fremde Feldherr Attila ist nicht eindeutig böse, sondern hat sympathische Seiten: Er respektiert die Feldherren Italiens und lässt sich mit ihnen auf Friedensverhandlungen ein.

Attila ist eindeutig als Außenseiter zu bezeichnen, da er dem Volksstamm der Hunnen angehört. Die Grausamkeit, mit der die Hunnen über Europa herfielen, war überall bekannt. Die Menschen hatten Angst vor diesem Volk, das sich vor allem durch eine neue, sehr erfolgreiche Kriegstechnik auszeichnete.[150] Sie kämpften vom Rücken ihrer Pferde aus und ihre Bögen waren leistungsfähiger und treffsicherer als die herkömmlichen Waffen. Mit ihrem Körperbau und ihrer noch nie gesehenen Gesichtsform heben sich die Hunnen von der geltenden europäischen Norm und dem damit verbundenen Schönheitsideal stark ab. Damit werden sie von der Gesellschaft als nicht dazugehörig ausgegrenzt.


## 2.1.10 Macbeth (Libretto: F.M. Piave)

Verdi stellt mehr und mehr den einzelnen Menschen in den Vordergrund der Opernhandlungen. Er möchte Charaktere und ihre Ausnahmesituationen schildern, den Menschen so darstellen, wie er wirklich ist. Dafür greift er zu neuartigen Maßnahmen: Im

---

[149] Frank, A., Zwischen Bürgerhaus, Thron und Altar, S. 177.
[150] Ilaender, C., Die Hunnen (374 - 454 n. Chr.) und ihr Koenig Attila.

Mittelpunkt der Oper *Macbeth* steht Verdis „Ästhetik des Abweichenden, des Hässlichen und des Bösen"[151]. Die Außenseiterin, Lady Macbeth, zeichnet nicht nur der Irrsinn aus. Sie ist auch eine abgrundtief böse Person und soll dies verkörpern. Sie muss hässlich sein und braucht ein bestimmtes Timbre, eine raue, erstickte Stimme. Nicht die Poesie steht im Vordergrund dieser Oper, sondern Realismus.[152]

Eine neue, so komplexe Charakterzeichnung wie bei *Macbeth*, erfordert neue musikalische Mittel. Die Figur der Macbeth lässt sich beispielsweise nicht durch eine Eröffnungscavatine beschreiben. Ihr Charakter ist zu vielschichtig. Daher muss, zu Gunsten des Handlungsflusses, das Opernschema abgeändert werden. Der erste Schritt von der Nummernoper hin zu der durchkomponierten Oper ist vollzogen.

### 2.1.11 I Masnadieri (Libretto: A. Maffei)

In *I Masnadieri* nimmt Verdi Kritik am herrschenden System. Das Wissen über das Scheitern der Revolution kommt zum Ausdruck, denn der Räuberbande gelingt es in der Oper nicht, den Grafen Francesco zu stürzen. Dies stellt im Jahre 1847, das von Volksaufständen stark geprägt ist, eine für das italienische Publikum unaktuelle und unerwünschte Haltung dar, durch welche die Ablehnung gegenüber der Oper verständlich wird.

Der adlige Carlo wird von seinem Vater verbannt und gründet unter seiner Leitung eine Räuberbande. Damit gehört er nicht

---

[151] Abels, N., Die Entdeckung des Hässlichen, S. 12
[152] Beci, V., Verdi. Ein Komponistenleben, S. 164.

mehr zu der oberen sozialen Schicht, sondern wird zu einem gesellschaftlichen Außenseiter. Die Räuber stehlen, vergewaltigen und morden. Carlo ist sich seines ehrlosen Treibens bewusst, kann aber nichts an der Tatsache ändern, durch sein Handeln als Ausgestoßener zu gelten.

## 2.1.12 Il Corsaro (Libretto: F.M. Piave)

Außenseiter dieser Oper ist Corrado, Anführer der Korsaren. Vom 16. Jahrhundert bis Anfang des 19. Jahrhunderts waren die Korsaren die vorherrschenden Seeräuber der nordafrikanischen Küste.[153]

Auch Corrado ist durch einen Schicksalsschlag von der Gesellschaft ausgeschlossen worden. Hier zeigt sich eine Parallele zu vielen anderen Figuren Verdis, in denen die Gesellschaft ein Individuum ausgrenzt, dem somit nichts anderes übrig bleibt, als sich einer anderen Gruppe von Außenseitern anzuschließen, um Gesellschaft zu haben.

## 2.1.13 La battaglia di Legnano (Libretto: S. Cammarano)

Mit *La battaglia di Legnano* enden Verdis patriotische Opern.[154] Kaiser Barbarossa, der Unterdrücker Italiens, ist eine Figur außerordentlicher Strenge und Dunkelheit. Er ist ein mächtiger Herrscher, der menschlichen Gefühlen keinen Raum lässt. Als Feind und damit politischer Außenseiter steht er den Italienern

---

[153] Bertelsmann, Lexikon, S. 490.
[154] Mondwurf, G., Giuseppe Verdi und die Ästhetik der Befreiung, S. 25.

Arrigo und Rolando gegenüber, die für die Freiheit ihres Landes kämpfen.


### 2.1.14 Luisa Miller (Libretto: S. Cammarano)

*Luisa Miller* ist ein Sozialdrama und damit das erste seiner Gattung. Es behandelt Standesfragen, indem es die Adelsschicht dem unteren Bürgertum gegenüberstellt.

Der Grafensohn Rodolfo liebt das bürgerliche Mädchen Luisa. Diese Verbindung wird von dem Grafen nicht akzeptiert, der eine standesgemäße Verbindung seines Sohnes mit einer Herzogin wünscht. Hier wird das typische Bild der höfischen Gesellschaft verdeutlicht: Vermählungen dürfen nur unter Angehörigen der gleichen sozialen Schicht stattfinden, viele Adelige haben ihren Titel und Reichtum durch Verbrechen erkauft und Intrigen spielen eine wichtige Rolle bei der Durchsetzung der eigenen Ziele.

Ganz anders werden die Eigenschaften des Bürgertums geschildert. Die untere soziale Schicht ist machtlos gegenüber dem Adel und muss sich seinen Wünschen und Anweisungen unterordnen. Menschen dieser Gesellschaftsklasse sind bescheiden und aufrichtig in ihren Gefühlen.


### 2.1.15 Stiffelio (Libretto: F.M. Piave)

Aufgrund der Steigerung der realistischen Akzente vermittelt *Stiffelio* einen neuartigen Ausdruck. Die unmoralische Geschichte eines Sektenführers und seiner untreuen Frau wird erzählt. Auch die Charakterentwicklung spielt eine entscheidende Rolle:

Stiffelio entwickelt sich. Nachdem er den Treuebruch seiner Frau erkennt ist er wutentbrannt und verflucht sie, verzeiht ihr aber am Ende der Oper mit den Worten „Wer unter Euch ohne Sünde ist, der werfe den ersten Stein auf sie".

Als Lutheraner und Sektenführer nimmt Stiffelio, im katholischen Italien, eine eindeutige Außenseiterrolle ein. Aber wieder schreibt Verdi der am Rande der Gesellschaft stehenden Figur gute Eigenschaften - wie Menschlichkeit und Vergebung - zu.

Durch den Ehebruch macht sich auch Lina, Stiffelios Frau, zu einer Außenseiterin. Aber mit ihrem Vergehen wird nicht nur sie zu einer Figur am Rande der Gesellschaft. Die Ehre der ganzen Familie wird beschmutzt und allen Mitgliedern Verachtung entgegengebracht.

## 2.2   Die Werke der Reifezeit (1851-1871)

Mit sicherem Gespür für schockierende Themen greift Verdi in den folgenden drei Opern, den sogenannten Operntrias, mit denen seine Reifezeit beginnt, gesellschaftliche Tabus auf. In ihren Hauptrollen werden Außenseitergestalten der menschlichen Gesellschaft dargestellt. Ihre Randposition wird durch die Gegenüberstellung von Individuen und von Gemeinschaften, welche die sozialen Schichten verkörpern, verdeutlicht.[155]

In den Werken der Reifezeit steigert Verdi seine Charakterzeichnung. Chor- und Ensembleszenen werden umso wichtiger, da

---

[155] Rienäcker, G., Verdi-Dramaturgie heute, S. 97.

sie den Außenseitern als Gesellschaft gegenüberstehen und ihre Lage unterstreichen.

## 2.2.1 Rigoletto (Libretto: F.M. Piave)

In *Rigoletto* wird die höfische Lebensweise der Aristokratie angegriffen und ein Buckliger, ein Außenseiter der Gesellschaft, dargestellt. Spätestens hier wird der gebrochene Charakter bestimmend für Verdi, der sich mit dieser Oper den Charakteren und ihrer inneren Entwicklung widmet. Die äußere Handlung bleibt nebensächlich.[156]

Die Premiere sorgt für einen Skandal. Grund ist die im Jahre 1851 vorherrschende Meinung, dass Abscheulichkeiten nicht auf der Bühne gezeigt werden sollen. Verdi dagegen hat eine andere Auffassung:

> „Ich finde es gerade wunderschön, diese Persönlichkeit äußerlich missgestaltet und lächerlich darzustellen und innerlich leidenschaftlich und liebevoll. Gerade um all dieser Eigenheiten willen bin ich auf diesen Stoff verfallen, und wenn man ihm diese Besonderheiten nimmt, kann ich dazu keine Musik mehr machen.“[157]

Das hässliche, verachtete Äußere des Rigoletto wird unterstrichen durch das liebensfähige Innere, die grenzenlose Liebe zu seiner Tochter. Damit wird in der Geschichte der Oper erstmals eine gespaltene Persönlichkeit dargestellt.[158] Positive, menschliche Eigenschaften werden an eine Person geknüpft, die von der

---

[156] Beci, V., Verdi. Ein Komponistenleben, S. 234.
[157] Busch, H., Verdi Briefe, S. 41.
[158] Abels. N., Ich bin nicht, der ich bin, S. 41

Normalität abweicht, und eine eindeutige Außenseiterrolle einnimmt. Hierbei handelt es sich um ein wichtiges Merkmal Verdis, welches im Folgenden als Außenseiterrollen-Merkmal bezeichnet wird.

In *Rigoletto* findet sich das Hauptmotiv der romantischen Literatur, des guten Missgestalteten und gesellschaftlich Verachteten wieder.

### 2.2.2  Il Trovatore (Libretto: S. Cammarano)

Mit *Il Trovatore* beginnt Verdi einen neuen Weg, von der Opera Seria hin zu der Grand Opéra. Die revolutionäre Motivation, die sich ab *Ernani* durch fast alle Verdi-Opern zieht, wird in *Il Trovatore* zurückgenommen.[159]

Auch in dieser Verdi Oper teilt sich die Gesellschaft in zwei Klassen. Die Zigeunerin Azucena und ihre Leute gehören zu dem unterdrückten Volk, Luna und ihre Anhänger stellen die bedrohende, herrschende Klasse dar.

Wieder gibt es keine eindeutige Schwarz-Weiß-Zeichnung der Charaktere. Die unterdrückte Azucena ist gewalttätig. Sie begeht Säuglingsmord, hinter dem kein idealer Gedanke von Freiheit steht. Ihre Taten sind nicht zu rechtfertigen. Das gute Liebespaar, Leonora und Manrico, gehört zu der Gruppe der Höflinge. Verdi zeigt damit die positive Seite der herrschenden Klasse des Adels auf.

---

[159] Beci, V., Verdi. Ein Komponistenleben, S. 154.

Azucena nimmt eine doppelte Außenseiterrolle ein. Zum einen durch ihre Zugehörigkeit zu der verachteten Randgruppe der Zigeuner, zum anderen durch ihren Charakter, der sich durch Gewalt und Irrsinn auszeichnet. Obwohl Azucena von der Gesellschaft nicht angesehen ist, bindet Verdi die wahren Gefühle an sie (Außenseiterrollen-Merkmal).

### 2.2.3 La Traviata (Libretto: F.M. Piave)

Die sozialkritische Oper *La Traviata* zu komponieren ist besonders reizvoll für Verdi. Er kann auf dem Weg des bürgerlichen Realismus fortschreiten, den er in seinen Sozialdramen *Luisa Miller* und *Stiffelio* begonnen hat.[160]

Bei *La Traviata* handelt es sich zum ersten und einzigen Mal um einen zeitgenössischen Stoff. Die Kurtisane Violetta stirbt nicht durch Mord oder Krieg, sondern durch Lungenschwindsucht, einer aktuellen Krankheit der damaligen Zeit. Diese Art von Sujet ist neu und passt nicht in die herrschende Moralauffassung, was folgendes Zitat Verdis verdeutlicht:

> „Es ist ein Stoff aus unserer Zeit. Ein anderer hätte das vielleicht nicht komponiert wegen des Kostüms, wegen der Zeiten, wegen tausend anderer Hemmungen"[161]

Im Mittelpunkt der zeitgenössischen Handlung steht die gefallene Frau Violetta Valéry. Aufgrund ihres Berufes gehört sie zu einer gesellschaftlichen Randgruppe und ist nur in Kreisen ihresgleichen

---

[160] Mehnert, H., Giuseppe Verdi. La Traviata. Textbuch, Nachwort S. 112.

[161] Beci, V., Verdi. Ein Komponistenleben, S. 248.

64

angesehen. Für die gehobene Bürgerschicht und den Adel, die in
der Zeit Verdis den Großteil des Opernpublikums ausmachen,
stellt die Darstellung dieser Außenseiterin einen Affront gegen
ihre Moralvorstellung dar.[162]

Violetta ist nicht durch ein Schicksal, sondern durch äußere
Einwirkungen ihres Berufes, in eine Ausnahmesituation geraten.
Ihr Schicksal ist von Anfang an besiegelt durch ihre gesellschaft-
liche Randposition.

Hier wird eine Parallele zu den Figuren Rigoletto, Stiffelio und
Azucena deutlich. Alle sind existentielle Außenseiter. Zwischen
ihnen und der Gesellschaft gibt es unüberbrückbare Barrieren, die
niemals aufgehoben werden können. Die Gesellschaft benötigt
Außenseiter und damit Abweichungen von der Norm, um sich
selbst als geltende Norm ausweisen zu können.[163]

### 2.2.4 Les Vêpres siciliennes (Libretto: E. Scribe, C. Duveyrier)

Die Oper beginnt mit großen Tableaus und einer heroischen
Cabaletta der Elena. Ein Zeichen dafür, dass Verdi mehr und mehr
im Sinne der Grand Opéra, nach dem Vorbild Meyerbeers,
komponiert.

Die Personen in *Les Vêpres siciliennes* sind nicht, wie in den
vorhergehenden Werken, auf Charakterzeichnung hin ausgebaut.
Ganz im Gegenteil: Der Charakter der Herzogin ist rückläufig
konzipiert, von der patriotischen Heldin zu der ängstlichen

---

[162] Mehnert, H., Giuseppe Verdi. La Traviata. Textbuch, Nachwort S.
115.
[163] Abels, N., Die Macht des Schicksals, S. 29.

Geliebten. Für Verdi, dessen Hauptaugenmerk auf den einzelnen Charakteren und ihrer Weiterentwicklung liegt, ein untypisches Sujet. Grund für das im Handlungsverlauf von den anderen Opern so abweichende Werk, war die schlechte Zusammenarbeit zwischen Verdi und seinem französischen Librettisten.

Die Gegenüberstellung der politischen Fronten Sizilien als Unterdrückte und Frankreich als unterdrückende Macht bleibt in der Oper nebensächlich. Im Vordergrund steht eine Vater-Sohn Beziehung: Die Liebe des Sizilianers Henri zu seinem französischen Vater Montforte geht über alle politischen Unstimmigkeiten hinaus.

Mit dem Bekenntnis Henris, der Sohn des mächtigen Feindes Montforte zu sein, verliert dieser seine Freunde und die Achtung seines Volkes. Er wird zum Gegner und damit ein Außenseiter, was ihn am Ende der Oper das Leben kostet.

### 2.2.5 Simone Boccanegra (Libretto 1. Fassung: F.M. Piave, 2. Fassung: A. Boito)

*Simone Boccanegra* ist eine Versöhnungsoper zwischen den Hauptfiguren und den unterschiedlichen Klassen, die diese repräsentieren.[164] Es werden zwei soziale Schichten nebeneinandergestellt: Die Patrizier, vertreten durch Jacobo, den Anführer der Adelspartei, und die Plebejer, vertreten durch Simone, den vom Volk gewählten Dogen.

---

[164] Beci, V., Verdi. Ein Komponistenleben, S. 327.

Es wird das Bild von einem gerechten Herrscher gezeichnet. Die aktuelle Politik Italiens, die konstitutionelle Monarchie, findet sich in der Oper wieder: Das Volk hat Wahlberechtigung, wird durch Parteien vertreten und der Parlamentarismus wird in Form einer Ratsversammlung dargestellt.[165]

### 2.2.6 Un ballo in maschera (Libretto: A. Somma)

In der Oper *Un ballo in maschera* wird das Problem höfischer Machtansprüche und die damit verbundenen hierarchischen Unterschiede der Charaktere in die Thematik eingearbeitet.

*Un ballo in maschera* ist eine politische Oper im Grand Opéra Stil.[166] In der Zeit um 1860 hofft die Bevölkerung Italiens auf eine Lösung des Klassenkonfliktes und diese aktuelle Thematik verwendet Verdi als Grundlage seines Werkes.

Auf der einen Seite steht die Hofgesellschaft unter dem Gouverneur Riccardo. Der Lebensinhalt dieser Gesellschaftsklasse besteht hauptsächlich darin, das Leben unbeschwert zu genießen, etwa in Form von Geliebten und Bällen. Geld spielt dabei keine Rolle. Auf der anderen Seite steht die soziale Schicht des Bürgertums, die sich wiederum in zwei Kategorien untergliedern lässt: Die Anhänger des Adels, die diesem als Volk dienen, und die Verschwörer, die die höfische Gesellschaft stürzen möchten. Grund für diesen Konflikt ist die große finanzielle Spanne

---

[165] Frank, A., Zwischen Bürgerhaus, Thron und Altar, S. 442f.
[166] Mondwurf, G., Giuseppe Verdi und die Ästhetik der Befreiung, S. 273.

zwischen den beiden Klassen, welche die Bürger in ein starkes Abhängigkeitsverhältnis zu der oberen Schicht zwingt.

Die Außenseiterrolle in *Un ballo in maschera* nimmt die Wahrsagerin Ulrica ein. Aufgrund ihrer durch den Beruf bedingten gesellschaftlichen Randposition, liegt gegen sie ein Verbannungsdekret vor. Riccardo muss als Gouverneur über dieses entscheiden. Damit wird deutlich, in welchem Abhängigkeitsverhältnis auch die Individuen stehen, die aufgrund von Ausgrenzung keiner sozialen Schicht angehören.

## 2.2.7   La forza del destino (Libretto: F.M. Piave)

Der äußeren Form nach handelt es sich bei *La forza del destino* um eine italienische Opera Seria. Mit den Massenszenen und den großen Chorauftritten setzt Verdi wieder Elemente der Grand Opéra ein und vermischt beide Stile miteinander.

Auch Victor Hugos Dramentheorie hat Einfluss auf das Werk. Diese besagt, ein ideales Drama solle aus komischen und tragischen Elementen zu gleichen Anteilen bestehen.[167] Verdi setzt dies mit der Buffo-Partie des Fra Melitone um.

Während die vorhergehenden Opern Themen wie höfische Machtansprüche, Standesfragen und die Beziehung zwischen Vater und Sohn behandeln, verdeutlicht Verdi in *La forza del destino* erstmals ständische und rassistische Vorurteile der Gesellschaft.[168]

---

[167] Beci, V., Verdi. Ein Komponistenleben, S. 313f.
[168] Frank, A., Zwischen Bürgerhaus, Thron und Altar, S. 370.

Der Grundgedanke der Oper besteht darin, das Blut einer Familie rein zu halten. Gegen alles Fremde wird sich gewehrt. Damit ist Don Alvaro, Mischling aus der Ehe eines Spaniers mit einer Inkaprinzessin, von Anfang an als Außenseiter festgelegt. Ein Mann, mit dieser verachtenswerten Herkunft, geht eine Liebesbeziehung mit der reinblütigen Leonora ein, die sich so ebenfalls zu einer Außenseiterin macht und von Familie und Gesellschaft nicht mehr angesehen wird.[169]

### 2.2.8   Don Carlos (Libretto: F.J.P. Méry, C. Du Locle)

*Don Carlos* ist die erste Oper, bei der Verdi von der Vorlage stark abweicht. Dies ist bei seinen früheren Vertonungen nicht der Fall gewesen. Ein weiterer Unterschied zu seinen vorherigen Schiller- und Shakespearevertonungen ist der Themenschwerpunkt: Es findet eine Konfliktverschiebung vom Historischen zum Privaten statt.[170] Im Mittelpunkt stehen nicht mehr geschichtliche oder politische Aspekte, sondern die Konflikte der einzelnen Figuren.

Auch der politische Blickwinkel Verdis hat sich geändert, was ebenfalls in *Don Carlos* deutlich wird. König Philippe II., ausgeprägtester Charakter des Werkes, wird nicht als tyrannischer Herrscher dargestellt, wie es noch in *Macbeth* der Fall war. Viel wichtiger ist sein Charakter, der im Konflikt zwischen Vaterliebe und Königspflicht steht. Diese Abschwächung des Bildes vom tyrannischen Herrscher hängt mit der veränderten politischen Situation zusammen. Als Italien noch unter Fremdherrschaft steht,

---

[169] Abels, N., Die Macht des Schicksals, S. 28/30.
[170] Beci, V., Verdi. Ein Komponistenleben, S. 320.

sind Verdis Opern stark patriotisch geprägt. Nicht umsonst ist er auch bekannt als „Maestro della rivoluzione".[171] In den Jahren 1866/1867, zur Zeit der Entstehung des *Don Carlos*, ist Italien größtenteils vereinigt. Es regiert König Vittorio Emanuele II. Mit dieser neuen politischen Form ist, wie viele andere, auch Verdi sehr zufrieden und er verdeutlicht seinen Zuspruch und seine Unterstützung durch Operninhalte, wie sie *Don Carlos* beschreibt.

In *Don Carlos* sind drei soziale Schichten vertreten. Wie bei vielen Opern Verdis steht das Volk, das als anonyme Masse auftritt, dem Adel gegenüber. Dieses wird nochmals untergliedert in verurteilte und gesetzestreue Untertanen, die einer Hinrichtung beiwohnen und damit hinter dem Beschluss der Befehlshaber stehen.

Auch die Klasse der Geistlichen wird dargestellt, vertreten durch Mönche des Klosters Saint-Just. Neben dieser irdischen Institution stellt Verdi eine überirdische Göttin dar, die Königin der Wasser. Hier findet ein altes Prinzip Verwendung, das von der Shakespearevorlage übernommen ist: Eine Erzählung in der Erzählung. In der Oper feiert die Hofgesellschaft einen Maskenball, bei dem das Ballett der Königin Elisabeth eine Vorführung gibt. Diese Darbietung beinhaltet die Geschichte der Königin der Wasser.

---

[171] Beci, V., Verdi. Ein Komponistenleben, S. 324.

### 2.2.9 Aida (Libretto: C. Du Locle, G. Verdi)

*Aida* ist eine machtkritische Oper und spielt in Ägypten, dem Land der Pharaonen, welche mit ihren engsten Beratern die herrschende Klasse darstellen. Vertreten wird diese oberste soziale Schicht durch die Pharaonentochter Amneris und ihren Verlobten, den Heerführer Radamés.

Der unterlegene Feind Ägyptens ist das Volk der Äthiopier, von denen viele als Sklaven in Ägypten leben müssen. Auch Aida, Tochter des äthiopischen Königs, lebt als Sklavin im Palast des Pharaos.

Aida ist mit ihrem Status als Sklavin eine Außenseiterrolle zugeschrieben. Sie gehört zu der untersten sozialen Schicht, muss gehorchen und besitzt keine Rechte. Aber dennoch hat Aida durch ihre Liebesbeziehung zu Radamés eine Verbindung zu der Oberschicht. Damit gerät sie in einen Konflikt zwischen ihren Gefühlen und ihren Pflichten zu ihrem Vaterland. Ihr als Prinzessin ist es nicht erlaubt den Mann zu lieben, der ihr Volk unterdrückt und versklavt.

Die Figur der Aida ist unter dem Blickwinkel der Klassenzugehörigkeit ein sehr interessanter Charakter. Während sie in Ägypten eine Sklavin ist, gehört sie in Äthiopien zu der obersten sozialen Schicht und ist als Königstochter ranghöchste Frau im Land.

## 2.3    Die Spätwerke (1884-1887)

Nach den machtkritischen Opern *Don Carlos* und *Aida* zieht sich Verdi endgültig von den politischen Sujets zurück. Die Spätwerke widmen sich ausschließlich der Darstellung des Individuums. Dabei begnügt sich Verdi nicht nur mit der kontrastierenden Darstellung von Charakteren, sondern versucht unterschiedliche Beziehungsqualitäten der Figuren aufeinander abzustimmen.[172]

Die geschlossene dramatische und musikalische Form, die Verdi in *Macbeth* und *Rigoletto* schon versucht zu erreichen, findet in den Spätwerken ihre Vollendung.[173]

### 2.3.1    Otello (Libretto: A. Boito)

In *Otello* werden die Charaktere überspitzt dargestellt: Die Bösewichte sind böser, die Helden gebrochener und die Heldinnen unschuldiger.

Der Text befindet sich auf einer Ebene zwischen Logik und Gefühl, dem sich die Musik anpassen muss. Diese Opernform weicht von Verdis vorherigen stark ab, in der die Musik und nicht der Text die Charaktere bildet. In *Otello* ist die Musik erstmals an den Text gebunden.

Der afrikanische Mohr, Otello, genießt als Befehlshaber und Gouverneur Zyperns großes Ansehen. Dennoch ist er aufgrund seiner Hautfarbe und seiner Herkunft ein gesellschaftlicher

---

[172] Frank, A., Zwischen Bürgerhaus, Thron und Altar, S. 459.
[173] Mondwurf, G., Giuseppe Verdi und die Ästhetik der Befreiung, S. 185.

Außenseiter. Das Volk bewundert seinen Gouverneur, der trotz seiner Randposition eine geachtete Stellung erreicht hat. Der Adel dagegen ist neidisch auf den Mann, der sich mit ihnen auf einer Ebene bewegt, aber nicht in das gesellschaftliche Bild ihrer Schicht passt.

Eifersucht und Neid führen zu dem typischen Vorgehen des Adels in einer solchen Situation, das Verdi oft in seinen Opern beschreibt: Intrigieren. Otellos Frau, Desdemona, wird eine Affäre unterstellt. Otello glaubt an die Schuld Desdemonas und will sich an ihr rächen. Er demütigt und verflucht seine Frau öffentlich, ermordet sie letztendlich sogar. Mit seinem Handeln verliert Otello auch das Ansehen vor dem Volk und wird endgültig zu einem gesellschaftlichen Außenseiter.

## 2.3.2   Falstaff (Libretto: A. Boito)

Der dickbäuchige Falstaff übernimmt in Verdis letztem Werk die Außenseiterrolle. Er ist ein alternder Edelmann, der aufgrund seines Äußeren gesellschaftlich geächtet ist.[174]

Ende des 19. Jahrhunderts ist ein Schlankheitsgebot vorherrschend: Menschen der oberen Gesellschaftsschichten genießen Essen und Trinken in Maßen, um diesem zu entsprechen. Die Esslust dicker Menschen dient der Unterhaltung, wird aber nicht angesehen und verspottet.[175]

---

[174] Abels, N., Der Mensch ist als Faulpelz geboren, S. 17.
[175] ebd., S. 18.

Letztlich wird Falstaff sein Aussehen zum Verhängnis. Als „König der Bäuche" wird er zum Spielball der restlichen Charaktere, die sich auf seine Kosten amüsieren.

## 2.4 Der Einfluss der Librettisten auf den Stoff und die Charakterzeichnung

Die verschiedenen Librettisten, mit denen Verdi zusammenarbeitet, haben starken Einfluss auf die Opernstoffe und darauf, wie die einzelnen Charaktere dargestellt werden. Nicht umsonst engagiert Verdi bei bestimmten Themeninhalten stets denselben Textdichter. So zeichnen sich zum Beispiel die Randgruppenopern durch die Zusammenarbeit Verdis mit Piaves aus.

### 2.4.1 Temistocle Solera

Verdi arbeitet in seinen frühen Werken mit Solera zusammen. Charakteristisch für diese Opern ist die unterdrückende, falsche Herrschaft, die von Unordnung hinsichtlich Religion und Herrschaftsfolge geprägt ist.

Die Macht Gottes steht über allem. Ihr dient der rechte Herrscher, dessen Untertanen in geordneten Verhältnissen leben. Im Gegensatz dazu glaubt der unterdrückende Herrscher an die falsche Religion und herrscht über eine ungeordnete Gruppe, in der andere an die Macht drängen.[176] Als Beispiel hierfür dient *Nabucco*: Abigaille stürzt den Herrscher Nabucco und besiegelt somit ihr eigenes Schicksal.

---

[176] Frank, A., Zwischen Bürgerhaus, Thron und Altar, S. 168.

74

Die Kernaussage der Solera-Opern ist die Unterdrückung des Volkes und dessen Leiden. Ausgangspunkt ist stets eine Gruppe, die, aufgrund von Gefangenschaft oder Heimatlosigkeit, unter einem Mangelzustand leidet.[177] Am Ende bereuen die fehlgeleiteten Herrscher ihre Taten und konvertieren – die Erlösung für die Unterdrückten. Eine Aussage ganz im Sinne des Risorgimento.


## 2.4.2 Salvatore Cammarano

Auch die Opern Cammaranos beschäftigen sich unter anderem mit den politischen Herrschaftsstrukturen der Fremdherrschaft. Der Unterschied zu Solera ist aber, dass kein gegenwärtiger Mangelzustand, sondern ein bestehender Idealzustand beschrieben wird.

Weiterhin kennzeichnen sich Cammarano-Opern durch eine interessante Charakteristik der Frauengestalten, deren individuelle Persönlichkeiten und ihre Funktion in der Gesellschaft aus.[178] Allen Frauen in Cammaranos Opern ist ein Schicksal gemeinsam: Sie sind Opfer der von mächtigen Männern bestimmten Politik, die von gesellschaftlichen Standesinteressen geprägt ist.

Die Frauencharakteristik ist ein Punkt, auf den Verdi seit jeher großen Wert legt. Dies ist der Grund, warum sich die Zusammenarbeit der Beiden, im Gegensatz zu Solera, bis in die Werke der Reifezeit erstreckt.

---

[177] Frank, A., Zwischen Bürgerhaus, Thron und Altar, S. 169.
[178] ebd., S. 169.

### 2.4.3  Francesco Maria Piave

Mit Piave beginnt ein völlig neues Konzept: Die Beschreibung des Individuums in all seinen Facetten und die Darstellung unterschiedlicher menschlicher Regungen tritt an die erste Stelle.[179] Das Einzelindividuum wird vorwiegend als der Andere, der Fremde dargestellt.

Verdi kann sich mit Hilfe Piaves in den Bereich der Randgruppenopern vorwagen, in denen ganz offensichtlich Außenseiter die Handlungsträger sind. Der Librettist schreibt mit einer Offenheit, die eine Steuerung des dramatischen Konzepts besser zulässt. Einzelne Figuren werden ausgestaltet und durch ihre Charakterzeichnung wird der Handlungsablauf unterstützt. Dieses Konzept fasziniert Verdi, dessen Interesse ebenfalls den Individuen und der differenzierten Charakterdarstellung gilt. Beide arbeiten bis zu Piaves Schlaganfall im Jahre 1867 gemeinsam an vielen Opern.

Ein charakteristisches Merkmal Piaves ist die Darstellung von Macht bestimmter Menschen (wie etwa Herrscher, despotische Ehemänner, Väter), die sie gegenüber anderen Individuen missbrauchen. Damit ziehen sich die Inhalte aus der Politik zurück, die bei Solera und Cammarano noch vorherrschend war. Die Machtfragen beschränken sich auf den privaten Bereich.[180]

---

[179] Frank, A., Zwischen Bürgerhaus, Thron und Altar, S. 250.
[180] ebd., S. 433.

## 3.  Fallstudie: La Traviata

### 3.1  Der Inhalt

Die hier dargelegten Ausführungen zum Inhalt beziehen sich hauptsächlich auf Angaben von Renner. [181]

*1. Akt:* Violetta Valéry, umschwärmte Kurtisane in Paris, gibt ein Fest. So versucht sie, sich von ihrer schweren Lungenkrankheit abzulenken. Freunde stellen ihr Alfredo Germont vor. Nach einem Schwächeanfall versucht Alfredo ihr verzweifelt klarzumachen, dass ihr Lebensstil reiner Selbstmord ist. Schließlich gesteht er ihr seine Liebe. Sein Liebesgeständnis verändert ihr nur nach Reichtum und Vergnügen strebendes Wesen. Sie beginnt, wieder an die Kraft der Liebe zu glauben.

*2. Akt, 1. Bild:* Alfredo und Violetta haben sich gemeinsam auf dem Land niedergelassen. Um sich dieses neue Leben leisten zu können, veräußert Violetta nach und nach ihr ganzes Vermögen. Nachdem Alfredo davon erfährt, reist er nach Paris, um diese Unternehmung zu verhindern.

Während seiner Abwesenheit erscheint Alfredos Vater bei Violetta. Verwundert stellt er fest, dass Violetta keine verworfene Lebedame, sondern eine junge, sensible Frau ist. Er bittet sie dennoch, die Verbindung zu seinem Sohn zu lösen, denn das Glück der Familie sei durch sie, einer Halbweltdame, gefährdet. Violetta erkennt, dass es für die einmal vom Weg Abgekommene

---

[181] Renner, H., Renners Führer durch Oper, Operette, Musical, S. 199-201.

keine andere Möglichkeit gibt: Sie überwindet sich und verzichtet auf Alfredo.[182]

Violetta schreibt einen Abschiedsbrief, wird aber von Alfredos Rückkehr überrascht. Sie gesteht ihm noch einmal ihre Liebe und stürzt verwirrt davon. Kurz nach ihrer Abreise erhält Alfredo ihren Abschiedsbrief. Darin verbirgt sie ihr Liebesopfer hinter der Äußerung, sie sehne sich nach ihrem früheren Leben mit all seinen Vergnügungen, und sei zurück nach Paris gereist. Enttäuscht und eifersüchtig fährt Alfredo ihr nach.

*2. Akt, 2. Bild:* Violetta erscheint am Arm ihres früheren Verehrers auf dem Fest von Flora Bervoix, ebenfalls Kurtisane und somit Angehörige der Pariser Halbwelt. Auch Alfredo erscheint. Wild vor Eifersucht beschimpft er Violetta öffentlich und wirft ihr Geld vor die Füße, um sie für die letzten Monate zu bezahlen. Violetta bricht zusammen, hält sich aber an das dem Vater gegebene Versprechen.

*3. Akt:* Krankheit und Armut haben Violetta an das Bett gefesselt und von der Gesellschaft isoliert. Alfredo, der von seinem Vater über die Intrige aufgeklärt wurde, erscheint bei Violetta. Ein letztes Mal träumen beide von einer gemeinsamen Zukunft. Auch Alfredos Vater erscheint, um Violetta um Verzeihung zu bitten. Sie versöhnt sich mit allen und stirbt glücklich in den Armen des Geliebten.

---

[182] Loy, C., La Traviata. Der Inhalt, S. 4.

78

## 3.2    Die Entstehungsgeschichte

Der historische Roman *Die Kameliendame* des französischen
Schriftstellers Alexandre Dumas Sohn sorgt 1848 für großes
Aufsehen.[183] Erstmals steht eine Außenseiterin der Gesellschaft,
eine Kurtisane, im Mittelpunkt der Handlung. Sie wird nicht, wie
zuvor üblich, als verworfenes Geschöpf dargestellt, sondern als
Frau mit echten Gefühlen. Die Liebe gibt der Schwerkranken neue
Kraft: So wird sie sympathisch und ihr tragisches Ende lässt
Mitgefühl für die Verirrte empfinden. Kritiker sehen in dem
Roman daher die „Verherrlichung und Rehabilitierung des
Lasters"[184]. Mit dieser neuen Stoffdarstellung ist der Weg zum
Verismo eindeutig vorgezeichnet. Aber auch der romantische
Zeitgeist ist enthalten: Die gefallene Frau, die mit Hilfe der Liebe
eine Veränderung zum Guten durchmacht.[185]

Es ist davon auszugehen, dass Verdi den berühmt gewordenen
Roman gelesen hat. Aufgrund seiner Vorliebe für am Rande der
Gesellschaft stehende Charaktere und dem Inhalt, der eine
Ausweitung der bisherigen dramatischen Möglichkeiten bietet,
dürfte ihn der Stoff sogleich fasziniert haben.[186] Die Liebe lässt
Violetta über sich hinauswachsen, verändert sie und verleiht ihr
die Fähigkeit zu einem großen Opfer. Sie wird zur Heldin, was ihr
Leben krönt, zugleich aber beendet. Hier wird die Handlung den
anderen Opernthemen Verdis verwandt: Heldinnen, die im Tod
ihre Größe beweisen.

---

[183] Pahlen, K., Giuseppe Verdi. La Traviata, S. 176.
[184] Dumas, A., Die Kameliendame. Roman, Nachwort S. 287.
[185] Dumas fils, A., Die Kameliendame. Schauspiel in fünf Akten,
     Nachwort S. 92.
[186] Pahlen, K., Giuseppe Verdi. La Traviata, S. 179.

Nach dem großen Erfolg des *Rigoletto* 1851 wird Verdi mit weiteren Opernaufträgen förmlich überhäuft. Er tritt mit der Oper Venedigs, der Fenice, in Verbindung, die sich ein neues Werk von ihm wünscht. Er sagt zu, von der Stoffwahl ist zunächst noch keine Rede.

In Paris sieht Verdi die von Dumas selbst umgearbeitete Bühnenfassung der *Kameliendame* und sein Entschluss, diesen Stoff in eine Oper umzusetzen, wird bekräftigt.[187] Piave wird als Librettist engagiert und die bei diesem Stück besonders problematische Primadonnenfrage, die sowohl Verdi als auch der Oper noch viele Sorgen bereiten wird, entsteht: Der Komponist schlägt mehrmals Sängerinnen vor, die ihm und dem Stück zusagen würden. Jedes Mal ist die Operndirektion Venedigs nicht einverstanden und macht Gegenvorschläge, die Verdi wiederum nicht akzeptiert. Das Problem ist noch nicht gelöst, als Verdi am 9. Mai 1852 den Vertrag unterzeichnet. Das Textbuch soll Mitte August eingereicht werden. Diese Frist kann von Verdi und Piave jedoch nicht eingehalten werden. Es werden mehrmalige Verlängerungen vereinbart.

> „Ich muss Ihnen danken für die spontane Verlängerung [...], aber ich muss Ihnen leider sagen, dass diese nicht genügt. Piave hat mir bis jetzt keinen Stoff vorgeschlagen, der mir originell und interessant genug erscheint. [...] Gäbe es in Venedig eine Sängerin für höchste Ansprüche, so hätte ich einen Stoff bereit, der sichere Wirkung verspricht."[188]

---

[187] Mehnert, H., Giuseppe Verdi. La Traviata. Textbuch, Nachwort S. 109.
[188] Pahlen, K., Giuseppe Verdi. La Traviata, S. 185.

Die Suche nach einem neuen Stoff bleibt erfolglos. Verdi hat sich zu sehr mit der *Kameliendame* angefreundet, als das ihn eine andere Sujetwahl überzeugen könnte. Der Stoff fasziniert ihn, wie selten einer: Menschen aus seiner eigenen Zeit sollen auf der Bühne dargestellt und die Gesellschaftsschicht der Halbwelt muss in Klänge gefasst werden.

Die Halbwelt umfasst die Menschen, die äußerlich glänzen und durch Unmoral zu großem Reichtum gelangt sind. Eine auf Vergnügen und Materielles ausgerichtete Schicht von Müßiggängern, die sich nur geringfügig in ihrem Benehmen und Auftreten von der vornehmen Schicht des reichen Bürgertums und des Adels unterscheidet.[189]

Nachdem der Entschluss gefasst ist, *Die Kameliendame* als Sujetvorlage zu verwenden, geht die Arbeit schnell voran. Piave liegt mit der Theaterfassung eine gute Vorlage zu Grunde, die nur noch für die Opernbühne umgearbeitet werden muss.[190] Um Verwechslungen mit dem Theaterstück aus dem Weg zu gehen, wird die Oper *La Traviata* genannt, übersetzt bedeutet es soviel wie die Entgleiste oder die Verirrte.

Im Februar 1853 reist Verdi zu den letzten Proben nach Venedig. Erneut wehrt sich der Komponist gegen die Besetzung der Violetta, schlägt wieder andere Sängerinnen vor. Da die Besetzung für *La Traviata* aber bereits feststeht, bleiben seine Bemühungen erfolglos. Verdi erwartet anstatt eines Erfolges ein vollständiges Fiasko. Diese Vermutung wird durch die Einstellung

---

[189] Pahlen, K., Giuseppe Verdi. La Traviata, S. 220.
[190] Mehnert, H., Giuseppe Verdi. La Traviata. Textbuch, Nachwort S. 113.

der drei Hauptrollenträger verstärkt: Sie haben kein Vertrauen in das neuartige Werk, in dem sie noch dazu als Figuren der Gegenwart auftreten sollen.[191] Schließlich erklärt sich Verdi dazu bereit, die Handlung aus dem Zeitgenössischen in die Epoche Ludwigs des XIV. zurückzuverlegen. Aus einem Stoff höchster Aktualität wird damit eine unglaubwürdige Vergangenheitserzählung.

Die Uraufführung am 6. März 1853 geht, alle Vorahnungen bestätigend, als Theaterskandal in die Geschichte ein. Nach dem ersten Akt, der noch gute Aufnahme findet, kippt die Stimmung zu einem völligen Fiasko, von dem ganz Venedig tagelang spricht.

Ein weiterer Grund für den Skandal der *Traviata* ist, neben der Verschiebung des Stoffes in die Vergangenheit, in der das gesellschaftliche Bild ein völlig anderes war, die Sopranistin, welche die Rolle der Violetta spielt. Sie ist nicht „zart, von blasser Schönheit, kokett und doch vom Tode gezeichnet"[192], wie es sich Verdi vorgestellt hat, sondern robust und kräftig, mit einer sehr gesunden Stimme. Hier wird deutlich, wie wichtig Aussehen und Schauspielerei in der Oper sind, um eine bestimmte Rolle zu verkörpern. Ein Grundsatz, den auch Verdi schon in seiner *Traviata* umsetzen will, der aber aufgrund des Primadonnenstreites nicht durchzuführen ist.

Trotz der schlechten Aufnahme glaubt Verdi an sein neues Werk. In einem seiner Briefe schreibt er:

---

[191] Pahlen, K., Giuseppe Verdi. La Traviata, S. 190f.
[192] ebd., S. 193f.

82

> „Ich glaube, dass gestern Abend keineswegs das letzte
> Wort über Traviata gesprochen wurde. Sie wird
> wiederkommen und dann wollen wir sehen."[193]

Verdi sollte Recht behalten. Der Leiter eines anderen venezianischen Theaters, Toni Gallo, setzt sich kurz nach der Premiere mit Piave in Verbindung, der bei einer neuen Inszenierung die Regie übernimmt. Drei gute, zu den Rollen passende Sänger werden engagiert und Verdi nimmt kleine Änderungen an der Arie des Baritons und dessen Duett mit Violetta vor. Die Handlung bleibt zunächst in der Zeit Ludwigs des XIV. und wird bis ins 20. Jahrhundert hinein überall in Barockkostümen aufgeführt.[194] Am 6. Mai 1854 geht die Oper mit einem triumphalen Erfolg über die Bühne. Dieser Erfolg liegt nicht, wie viele Kritikerstimmen meinen, an Verdis Umarbeitungen. In einem Brief Verdis, vom 26. Mai 1854, heißt es:

> „Die Traviata, die man jetzt im Teatro San Benedetto
> aufführt, ist genau die gleiche, die man im vorigen Jahr
> in der Fenice gespielt hat, - mit Ausnahmen weniger
> Tonveränderungen, die ich vorgenommen habe, um
> den Singstimmen entgegenzukommen"[195]

*La Traviata* zeigt eine menschliche Tragödie, ein Seelendrama auf der Opernbühne, was zu diesem Zeitpunkt erstmalig ist. Mit seinem Vorstoß in dramatisches Neuland ist Verdi so der erste Schritt zur Schaffung einer neuen Opernform im Sinne des Verismo gelungen.[196]

---

[193] Pahlen, K., Giuseppe Verdi. La Traviata, S. 200.
[194] Hessisches Staatstheater Wiesbaden, Programmheft: La Traviata, S. 40.
[195] Pahlen, K., Giuseppe Verdi. La Traviata, S. 203.
[196] ebd., S. 200f.

## 3.3 Die Personen und ihre Rolle in der Gesellschaft

Violetta Valéry und ihre Freundin Flora Bervoix gehören als Kurtisanen zu der Halbwelt. Sie verkaufen ihren Körper an das gehobene Bürgertum und den Adel und erhalten als Gegenleistung finanzielle Absicherung. Durch ihre Tätigkeit verdienen sie genug, um sich in der obersten Gesellschaftsschicht ihrer Kunden bewegen zu können. Dennoch gelten sie auf Grund ihres Berufes als Außenseiter und sind nicht als vollwertige Mitglieder dieser sozialen Schicht anerkannt.

Typische Vertreter jener Aristokratie, deren Lebensaufgabe darin besteht, ererbte Vermögen auszugeben, sind der Marquis d'Obigny und Baron Douphol.[197] Sie gehören zu den Stammkunden Violettas und Floras. Auf all ihren Festen sind sie zu finden, bei denen sie sich nicht nur den Frauen, sondern auch dem Glückspiel hingeben. Sie sind einer Schicht von verschwenderischen Nichtstuern zuzuordnen, die zwar dem Adel angehört, aber von dem für ihren Reichtum arbeitenden Rest der Gesellschaft nicht angesehen wird.

Alfredo Germont und sein Vater gehören der gehobenen Bürgerschicht an. Durch Redlichkeit und Fleiß haben sie sich eine geachtete Stellung in der Gesellschaft verschafft.[198] Ihre Familie ist sehr angesehen und Alfredos Vater ist bedacht darauf, dies zu bewahren.

Zwei weitere Personen der Oper sind hier aufzuführen: Alfredos Freund Gaston, der sich im Kreise der Halbwelt bewegt, Alfredo

---

[197] Pahlen, K., Giuseppe Verdi. La Traviata, S. 151.
[198] ebd., S. 151

in diese einführt und ihn mit Violetta bekannt macht, und der Arzt, Dr. Grenvil. Als studierter Mediziner betrachtet Dr. Grenvil die Halbwelt als Außenstehender. Er gehört zu der Schicht des Bildungsbürgertums, betreut aber Patienten wie Violetta und hat dementsprechende Kontakte. Aufgrund seiner Fürsorge wird er von vielen als Freund angesehen, ist sogar auf den Festen Violettas und Floras zu finden. Beide, Gaston und Dr. Grenvil, nehmen damit eine Position zwischen der angesehenen, reichen Gesellschaft und der Halbwelt ein.[199]

Die übrigen Charaktere bleiben anonym. Sie dienen dazu, die Gesellschaft während der Festszenen darzustellen. Auffallend ist, dass zwar alle elegant gekleidet sind und gute Manieren haben, aber trotzdem der Halbwelt angehören. Dies wird dadurch deutlich, dass sich die Beziehungen der Gäste nicht durch feinsinnige Gespräche, also durch intellektuell gesteuerte Kommunikation, auszeichnen, sondern durch enge, körperliche Berührungen dargestellt sind, oft auch mit wechselnden oder mehreren Partnern.

### 3.4 Außenseiterin Violetta Valery: Eine musikalische Analyse

In *La Traviata* geht es Verdi nicht um die Darstellung großer Leidenschaften. Seelische Regungen und psychologische Prozesse sollen verdeutlicht werden. Aus diesem Grund verzichtet der Komponist auf starke Affekte. Vielmehr versucht er, die Musik so intim und einfach wie möglich zu gestalten.

---

[199] Pahlen, K., Giuseppe Verdi. La Traviata, S. 152.

Um das Seelendrama in seiner ganzen Dramatik und Geschlossenheit darzustellen, sind die Übergänge zwischen Rezitativen, Arien und Ensembles fließend, was bereits den Eindruck eines durchkomponierten Stückes vermittelt.[200]

In der folgenden musikalischen Analyse[201] soll hervorgehoben werden, welche Verwandlungsprozesse Violetta durchmacht und wie Verdi diese musikalisch darstellt: Von der nach Materiellem strebenden Kurtisane wird sie zu einer treuen Liebenden. Aufgrund ihrer Vergangenheit wird sie aber nicht in die gehobene bürgerliche Gesellschaft, zu der Alfredo gehört, aufgenommen. Sie bleibt eine Außenseiterin und findet erst im Tod Erlösung, da sie ihr eigenes Wohl und ihre Liebe gegenüber den vorherrschenden gesellschaftlichen Normen zurückstellt. Damit wird sie zur Heldin, die im Tod ihre Tugend und Größe beweist.

## 3.4.1  Das Vorspiel

Das Vorspiel der Oper ist mit nur 49 Takten sehr kurz. Die Grundstimmung ist von Liebe und Tod geprägt, den Grundthemen der Oper. Mit dieser melancholischen Stimmung findet keine Vorbereitung auf das festliche Treiben des 1. Aktes statt.

---

[200] Renner, H., Renners Führer durch Oper, Operette, Musical, S. 200/201.

[201] Die hier dargelegten Ausführungen sind angelehnt an Pahlen, K., Giuseppe Verdi. La Traviata. Alle verwendeten Notenbeispiele sind aus: Verdi, Giuseppe: La Traviata. Klavierauszug, Bearbeitung: Kogel, Gustav F., C.F.Peters Frankfurt a. M. u.a., Edition Peters Nr. 1469.

Das Vorspiel ist zweiteilig und nimmt Violettas Schicksal voraus. Teil 1 umfasst Takte 1-16, Teil 2 umfasst die Takte 17-49.

Der erste Teil ist durch die vierfach geteilten, hohen Violinen und eine chromatische Harmonik geprägt (Abb.7). Dadurch erhält er eine überirdische Wirkung.

Abb. 7: Akt 1, Nr. 1 Vorspiel, T. 1-4, aus: Giuseppe Verdis *La Traviata*.

Die durch die Sekundreibungen, die fallende Melodik und das auskomponierte Ritardando zum Ausdruck kommende bedrückende Zartheit und die wehleidige Stimmung nehmen Violettas Tod am Ende des dritten Aktes voraus. Es wird Spannung aufgebaut.

Im zweiten Teil ändert sich die Stimmung. Während die Geigen die Liebesmelodie Alfredos und Violettas anstimmen, die im ganzen Werk leitmotivisch verwendet wird, stimmen Holzbläser, Hörner und tiefe Streicher einen Begleitrhythmus im Dreivierteltakt an (Abb.8).

Die Liebesmelodie in E-Dur ist absteigend und vermittelt einen schwermütigen Charakter. Die Begleitung im Dreivierteltakt ist keineswegs als trivial zu interpretieren, sondern sie vermittelt das unbarmherzige Fortschreiten der Krankheit Violettas. Die Taktart, die im 19. Jahrhundert vor allem durch den Walzer bekannt gewesen ist, hat die Funktion eines stets nach vorne drängenden Metronoms. Unaufhaltsam vergeht die Zeit und genauso unaufhaltsam ist auch der Tod der schwindsüchtigen Violetta. Verdi komponiert hier mit einem Mut zur Einfachheit, um dem Publikum das Leiden der Hauptprotagonistin nahe zu bringen und vor dem Walzerklang des Orchesters die Tragödie Violettas umso deutlicher herauszustellen.[202]

Abb. 8: Akt 1, Nr. 1 Vorspiel, T. 20-25 (Liebesmelodie), aus: Giuseppe Verdis *La Traviata.*

In Takt 29 wird die Liebesmelodie eine Oktave tiefer von dem Violonchello, der Klarinette und dem Fagott wiederholt. Dabei wird sie von 32-tel Läufen der Geigen umspielt (Abb.9).

Die lebhafte, leichtfertig tänzelnde Umspielung steht der Liebesmelodie dabei als Kontrapunkt gegenüber. Der Gegensatz des weltlichen Treibens und der Liebe, Violettas Leben als Kurtisane und das als liebende, treue Frau, wird so durch die Musik verdeutlicht.

---

[202] Beci, V., Verdi. Ein Komponistenleben, S. 260.

Abb. 9: Akt 1, Nr. 1 Vorspiel, T. 29-30 (Liebesmelodie), aus: Giuseppe Verdis *La Traviata*.

### 3.4.2   Die Prostituierte: Akt 1

Im ersten Akt wird die gesellschaftliche Außenseite um Violetta gezeichnet. Persönliche Gefühle zeigt sie erst in der Finalarie, in der sich eine charakterliche Wandlung vollzieht.

Während der Einleitung des ersten Aktes und dem Trinklied wird Violetta als gesellschaftliche Dame, als Kurtisane dargestellt, umgeben von Genuss, Tanz und Liebe. Damit ist der soziale Rahmen abgesteckt, in dem sich Violetta bewegt. Von einer Außenseiterin ist keine Spur. Unter ihresgleichen, den Angehörigen der Halbwelt, gehört sie dazu, wird gefeiert und verehrt.

Unterstrichen wird die Charakteristik der Szene durch die tänzerischen Melodien des Orchesters im Dreivierteltakt und dem Text des Chores: „Si, La vita s´addoppia al gioia" („Ja, das Leben es ladet zur Lust").

Violetta zieht sich nach einem Hustenanfall aus dem bunten Treiben der restlichen Gesellschaft zurück. Im Hintergrund ertönt die Walzermusik der Gäste. Unbarmherzig ertönt der Dreivierteltakt, der einen Kontrast zu der kranken Violetta darstellt. Es wird zunehmend deutlich, dass es kein Entfliehen vor der Gesellschaft und dem eigenen Schicksal gibt.

Alfredo, der nicht von Violettas Seite gewichen ist, bemerkt ihren kritischen Gesundheitszustand, versucht sie zu überzeugen, ihren Lebensstil zu ändern, und gesteht ihr seine Liebe. Damit vollzieht sich die erste persönliche Selbstkundgabe.

Abb. 10: Akt 1, Nr. 4 Walzer und Duett, Dritte Szene, T. 118-121 (Zweite Liebesmelodie), aus: Giuseppe Verdis *La Traviata*.

In dem Duett des ersten Aktes führt Alfredo erstmals das zweite Liebesmotiv ein (Abb.10), das im Laufe der Oper zu einem Leitmotiv der Liebe zwischen Violetta und Alfredo wird.

Die Stimmen von Alfredo und Violetta haben sich zum Duett vereint, doch es ist ein Charaktergegensatz der Beiden in Text und Melodie zu erkennen. In Violettas Läufen ist kein Funken des melodischen Liebesmotivs erkennbar. Noch ist sie resistent gegenüber der Liebe und äußert dies mit distanziertem Koloraturgesang (Abb.11).

Gegen Ende werden sich die Stimmen ähnlicher, finden sogar zum Einklang. Aber nicht Violetta ordnet sich dem Liebesmotiv

Alfredos unter. Ganz im Gegenteil: Sie ist der aktive Part und Alfredo nimmt ihren Ton auf, folgt ihrer Melodie.

Abb. 11: Akt 1, Nr. 4 Walzer und Duett, Dritte Szene, T. 134-139, aus: Giuseppe Verdis *La Traviata*.

Nachdem sich Beide voneinander verabschiedet haben, hält Violetta Alfredo zurück. Sie gibt ihm eine Kamelie und bittet ihn wiederzukommen, sobald die Blume verwelkt ist. Hierbei handelt es sich um eine wichtige Szene, die beider Leben verändert. Violetta macht den ersten Schritt in ein neues Leben auf der Basis wahrer Gefühle. Dies wird auch in ihren Gesangslinien deutlich, die ruhiger, ausdrucksvoller und mehr und mehr von Gefühlen geprägt sind (Abb.12).

Violetta bleibt in Gedanken an Alfredo allein zurück. Zum ersten Mal in ihrem Leben hat ein Mann ihr gegenüber von wahrer Liebe gesprochen, statt von der bezahlter Hingabe ihres Körpers.[203]

Ihre Gefühle gibt Violetta in einer Arie, mit vorangehendem Rezitativ, zum Ausdruck (siehe erster Akt, Nr. 6, Szene und Arie der Violetta).

Abb. 12: Akt 1, Nr. 4 Walzer und Duett, Dritte Szene, T. 210-212, aus: Giuseppe Verdis *La Traviata*.

In dem Rezitativ wird die harmonische Leichtigkeit der akkordischen Tonika-Dominant Wechsel aus den Festszenen durch leise, spannungsreiche Sext- und Quartsextakkorde der Bläser ersetzt. Auch die Streicher begleiten den Gesang in einer minimalen Besetzung. Violetta singt eine für sie bis dahin ungewohnt innige Melodie, in der dunklen, aber warmen Tonart f-moll. Der Text „E strano! In core scolpiti ho quegli accenti!" („Sehr seltsam! Im Herzen tönt stets mir seine Stimme!") verdeutlicht Violettas emotionale Verwirrung angesichts der Begegnung mit Alfredo und der von ihm wachgerufenen Gefühle.

---

[203] Pahlen, K., Giuseppe Verdi. La Traviata, S. 224/225.

In der nun folgenden zweiteiligen Finalarie komponiert Verdi Violettas Erkenntnisprozess aus:

Der erste Teil, das Cantabile, beginnt mit dem Adagio im *Tempo Andantino* in f-moll (T.23). Auch das Cantabile kann in zwei Teile untergliedert werden: Im ersten Teil (T. 23-50) greift Verdi ein Motiv auf, das stark an Violettas Duettmotiv und damit an vergangene Zeiten erinnert. Nach einer abschließenden Kadenz über den Quartsextakkord, beginnt der zweite Teil des Cantabile, der Refrain, in F-Dur (T. 51-69). Diesen Teil beginnt Violetta mit dem zweiten Liebesmotiv und gibt damit zum ersten Mal ihrer wahren Liebe Ausdruck (Abb.13).

Abb. 13: Akt 1, Nr. 6 Szene und Arie, T. 51-54 (Zweite Liebesmelodie),
aus: Giuseppe Verdis *La Traviata.*

Das Cantabile wird noch einmal mit einem anderen Text und einer abgewandelten Schlusskoloratur wiederholt (T. 67-116).

Nun folgt der zweite Teil der Arie, die Cabaletta, im *Tempo Allegro* und *Allegro brillante* (T. 117-253). Verdi verwendet hier das glitzernde As-Dur, Paralleltonart zum vorangegangen f-moll. In diesem Teil bekräftigt Violetta ihren Entschluss, trotz ihrer Gefühle zu Alfredo, ihr bisheriges Leben nicht aufzugeben. Die schwungvolle, überströmende Lebensfreude, die durch Violettas Läufe und Koloraturen zum Ausdruck kommt, wird durch die

Rhythmik des Orchesters bekräftigt. In dem Allegro brillante taucht ein neues Motiv auf (Abb.14):

Abb. 14: Akt 1, Nr. 6 Szene und Arie, T. 145-153, aus: Giuseppe Verdis *La Traviata*.

Es hat eine heitere und unbeschwerte Charakteristik. Die Erinnerungen an das Vergnügen dominieren. Violetta ist in ihre alte Rolle als Kurtisane zurückgekehrt, von den Gedanken an Alfredo und ihrer Liebe zu ihm keine Spur mehr.

Am Ende der Arie wird das zweite Liebesthema abermals aufgegriffen (T.173-188). Alfredo selbst singt es hinter der Szene und unterbricht damit Violettas Hymne auf die Freiheit und Ungezwungenheit ihres Lebens. Diese lässt sich jedoch nicht irritieren. Sie will die Liebe nicht wahr haben und greift die Melodie Alfredos nicht auf. Im Gegenteil: Schneller und höher werden ihre Koloraturen und damit ihre Übertönungsversuche gegenüber den eigenen Gefühlen.

Aus der Arie wird deutlich, von welchen Widersprüchen Violetta gekennzeichnet ist. Vorsichtig erprobt sie die neue Vorstellung des Liebens. Sie macht einen Erfahrungsprozess durch und lernt Gefühle kennen, die sie aber zunächst noch kontrollieren möchte.

### 3.4.3  Die Liebende: Akt 2

*1. Bild:* Der zweite Akt zeigt Violettas individuelle Selbstkundgabe. Ihre Veränderung zu einer treuen Liebenden hat sich vollzogen. Damit bekommt sie erstmals in der Oper menschliche Züge zugesprochen.

Das Duett zwischen Alfredos Vater, Germont, und Violetta ist in der traditionellen zweiteiligen Form komponiert und Schlüsselszene der Oper.[204] Hier werden innere Vorgänge und psychologische Entwicklung in Musik umgesetzt. Jeder Satz ist ausdrucksvoll und die Orchesteruntermalung sehr sparsam, was den Text in seiner Bedeutung noch hervorhebt und der Stimmung des Duetts genau angepasst ist (siehe zweiter Akt, Nr. 8, Duett).

Der erste Satz beginnt mit einem einleitenden Cantabile im *Allegro moderato* in As-Dur, der Grundtonart des Duetts (T. 1-41). Hier schildert Germont, welche Folgen die unstandesgemäße Liaison seines Sohnes mit Violetta, einer Kurtisane, für seine Familie mit sich bringt. Germont verlangt von Violetta, sich umgehend und für immer von Alfredo zu trennen.

---

[204] Mondwurf, G., Giuseppe Verdi und die Ästhetik der Befreiung, S. 225.

Violettas Reaktion auf diese Forderung ist ein vorwärtsdrängendes *Vivacissimo* (T. 42-94), in dem sie Germont versichert, dass ihre Gefühle für Alfredo echt sind und sie ihn aus tiefstem Herzen liebt. Das erhöhte Tempo ist mit Violettas Erregung gleichzusetzen.

Germont, innerlich ergriffen, beharrt dennoch auf seinen Standpunkt. In dem *Andante piuttosto* (T. 95-136) appelliert er an Violettas Gewissen. Sie muss in dieser Situation Tugend beweisen und ihrer Liebe entsagen.

Der erste Satz endet mit der Cabaletta in einem langsameren Zeitmaß (T. 137-158). Der Text „Cosi alla misera, ch`è un di caduta, di più risorgere speranzaè muta" („So schwindet für die Arme, die einmal gefallen ist, die Hoffnung, sich wieder aufzurichten") bestätigt Violettas Resignation. Sie muss sich für immer von Alfredo trennen, da die Gesellschaft sie immer als Außenseiterin ansehen wird und ihre Beziehung keine Zukunft hat. Violetta wird hier erstmals mit den bürgerlichen Moralvorstellungen und dem Standesdenken konfrontiert.

Charakteristisch für den ersten Satz ist das Aufeinanderprallen der unterschiedlichen Emotionen: Germonts sachliche Belehrungen stehen Violettas emotionaler Verzweiflung gegenüber. Hier liegt die Gewichtung des Duetts, da im ersten Satz die dramatische Auseinandersetzung stattfindet.

Das Cantabile im Tempo *Andantino* (T. 159-215) leitet den zweiten Satz des Duetts ein. Entsprechend dem Formprinzip komponiert Verdi es in der Dominanttonart Es-Dur. Die Grundstimmung hat sich gewandelt. Violetta versucht nicht mehr gegen eine Trennung anzukämpfen. Immer noch ist sie verzweifelt, zeigt sich aber einsichtig gegenüber Germonts Forderungen. Sie will auf ihre Liebe zu Alfredo verzichten und gibt sich damit selbst auf.

Die gewandelte Grundstimmung Violettas zeigt sich auch in ihren Vokallinien. Im ersten Satz ist sie die Tonangebende. Im Vergleich zu Germonts ruhigen, melodischen Linien, mit denen er das Duett beginnt, ist ihr Gesang kurz abgerissen und flirrend, voll nervöser Unruhe (Abb.15). Germonts passt sich im Laufe des ersten Satzes ihrer Stimmführung an (Abb.16).

Abb. 15: Akt 2, Nr. 8 Duett, T. 42-46, aus: Giuseppe Verdis *La Traviata.*

Abb. 16: Akt 2, Nr. 8 Duett, T. 107-109, aus: Giuseppe Verdis *La Traviata.*

Im zweiten Satz finden die Stimmen mehr und mehr zum Einklang. Violettas pathetischer Ausdruck nähert sich dem schlichten, sachlichen Klang Germonts an (Abb.17).

Abb. 17: Akt 2, Nr. 8 Duett, T. 159-166, aus: Giuseppe Verdis *La Traviata.*

Klare, melodische Linien bestimmen nun das Notenbild. Aber dennoch bleibt Violettas Gesang ohne Beruhigung.

In dem rezitativischen Sostenuto (T. 216-226) und dem danach folgenden kurzen Allegro-Satz (T. 227-245) moduliert Verdi über Es-Dur, es-moll, die Dominante B-Dur, Ges-Dur, H-Dur, E-Dur, die Subdominante A-Dur und D-Dur nach g-moll. Durch die ständigen Modulationen wird Spannung aufgebaut, die Violettas emotionaler Angespanntheit und innerer Unruhe Ausdruck verleiht.

Die abschließende Cabaletta (T. 246-327) im *Allegro moderato* hat eine besondere Bedeutung, da der Handlungsfortgang der Trennung zwischen Alfredo und Violetta vereinbart wird.

Verdi durchbricht hier den erwarteten harmonischen Verlauf. In der traditionellen Duettform müsste die Komposition in die Grundtonart, also As-Dur, zurückkehren. Die Cabaletta beginnt aber in g-moll und das harmonische Ziel, die Paralleltonart B-Dur, wird in Takt 263 erreicht. Als Bekräftigung wird von Violetta mit Beginn der Zieltonart die Schmerzensmelodie eingeführt (Abb.18).

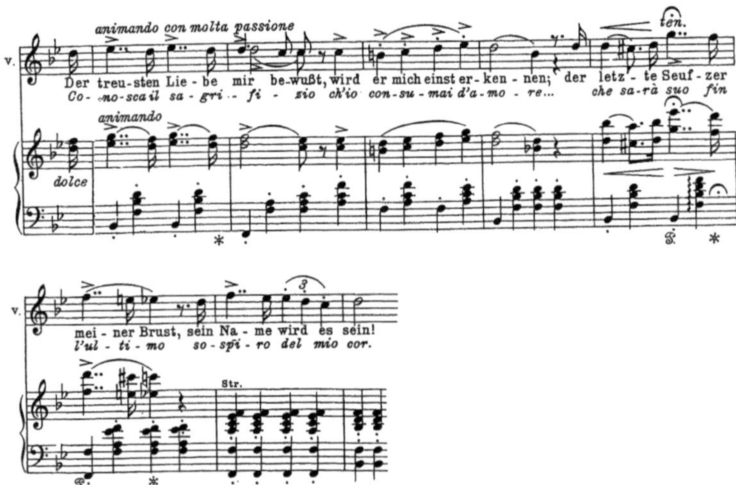


Abb. 18: Akt 2, Nr. 8 Duett, T. 263-271 (Schmerzensmelodie), aus: Giuseppe Verdis *La Traviata*.

Das Duett endet nicht mit einer Schlusskadenz, sondern mit einer Abschiedgeste (T. 306-327). Germont und Violetta wünschen sich Glück für ihr weiteres Leben. Die vielen Pausen und die rezitativische Begleitung des Orchesters vermitteln die Gefühle Violettas. Stammelnd und verzweifelt, aber fest entschlossen ihre Verbindung zu Alfredo abzubrechen, schickt sie Germont fort.

Die anschließende Szene zwischen Violetta und Alfredo stellt den Kulminationspunkt der Oper dar. Achtelbewegungen im Orchester drücken Violettas verzweifelten Seelenzustand aus, den sie mit ihren Worten mühsam zu überspielen versucht. Für Violettas leidenschaftlichen und gleichzeitig verzweifelten Gefühlsausbruch „Amami, Alfredo!" („Liebe mich, Alfredo") verwendet Verdi das Liebesmotiv aus dem Vorspiel (Abb.19). Nichts an dem auf vier Takte gedehnten Motiv erinnert an die brillianten, koketten Läufe der Kurtisane aus dem ersten Akt.

Abb. 19: Akt 2, Nr. 9 Szene und Duettino, T. 81-86 (Liebesmelodie), aus: Giuseppe Verdis *La Traviata*.

Violetta ist zu einem liebenden und leidenden Menschen geworden. Sie steht damit auf dem Höhepunkt ihrer emotionalen Entwicklung, der gleichzeitig Wendepunkt ihres Lebens ist.

*2. Bild:*Im zweiten Bild des Aktes zeichnet Verdi erneut die gesellschaftliche Außenseite um Violetta. Die Musik klingt, im Vergleich zu dem vorherigen Bild, ganz anders. Das Orchester untermalt die übermütige Ausgelassenheit des Festes mit funkelnden Achtelläufen und tänzerischen Rhythmen.

Besonders stark ist das Parlando ausgeprägt, das auf den Chor und die Ensembles übergreift.[205] Mit kurzen, akkordischen Zwischenrufen und teils kontrapunktierenden Melodien begleitet das Ensemble die Gesangslinien der Solisten. Damit treten alle Gegensätze der Handlung und Charaktere gleichzeitig hervor.

Das Orchester begleitet das Bühnengeschehen mit unentwegt wiederkehrenden, rhythmischen Formeln und unterstreicht damit den Gesang.

Violetta ist in ihr altes Leben als Kurtisane zurückgekehrt, aber nichts erinnert an die leichte und oberflächliche Tonsprache des ersten Aktes (Abb.20). Auch die leidenschaftliche Individualität ihrer Melodien aus dem vorherigen Bild ist verschwunden.

Abb. 20: Akt 2, Nr. 14 Septett mit Chor, Dreizehnte Szene, T. 4-11, aus: Giuseppe Verdis *La Traviata*.

---

[205] Renner, H., Renners Führer durch Oper, Operette, Musical, S. 200/201.

Durch den schnellen, punktierten Rhythmus und die dazu vom Orchester gespielte Achtelbegleitung wird Violettas Erregung deutlich. Dennoch ist sie bemüht, ihre wahren Gefühle und ihre Sorge um Alfredo unter Kontrolle zu halten. Mit großer Anstrengung zwingt sie sich zu der Lüge, Alfredo nicht mehr zu lieben, wie sie es Germont versprochen hat. Die starr wirkenden Motive sind ausdruckslos, ohne große Intervallschritte, sie werden permanent wiederholt und die Gesangslinien haben keine melodische oder rhythmische Entwicklung.

### 3.4.4   Die Sterbende: Akt 3

Der dritte Akt beginnt mit einem Vorspiel, das, bis auf die Transposition nach c-moll, identisch mit dem ersten Teil des Vorspiels zum ersten Akt ist. Der Zuhörer wird unmittelbar in den sich dem Ende nahenden Krankheitszustand Violettas hinein-geführt.

Das Orchester untermalt die Gespräche Violettas mit ihrer Dienerin und dem Arzt leise und ausdrucksvoll, und unterbricht diese mehrfach mit der Spährenmusik der geteilten Geigen aus dem Vorspiel. Für eine Genesung Violettas gibt es keine Hoffnung mehr. In starkem Kontrast stehen nun die Festszenen des ersten und zweiten Aktes zu der Einsamkeit der Sterbenden.

Nachdem Violetta alleine zurückgeblieben ist, liest sie den Brief Germonts, der ihr ankündigt, dass Alfredo zu ihr zurückkehrt. Verdi greift hier zu einer in der Oper sehr seltenen Form, dem

102

Melodrama.[206] Dabei wird die gesprochene Stimme von leiser Musik begleitet. Eine Sologeige spielt über einem zarten Streicherklang die zweite Liebesmelodie (Abb.21).

Abb. 21: Akt 3, Nr. 16 Vierte Szene, T. 1-13, aus: Giuseppe Verdis *La Traviata.*

Die Liebesmelodie ist ein erneutes Zeugnis Violettas individueller Selbstkundgabe. Sie drückt ihre Liebe zu Alfredo aus und schafft eine Verbindung zu den glücklichen Tagen der Vergangenheit.

Violetta rafft sich zu einem Abschied an die vergangenen Tage auf. In einer melancholischen Arie erinnert sie sich an die schönen, gemeinsamen Tage mit Alfredo (Abb.22).

---

[206] Pahlen, K., Giuseppe Verdi. La Traviata, S. 126.

Abb. 22: Akt 3, Nr. 16 Arie, T. 3-7, aus: Giuseppe Verdis *La Traviata.*

Ihr Gesang belebt sich im Laufe der Arie mehr und mehr. Die Hoffnung, Alfredo noch einmal wiederzusehen ist noch nicht erloschen.

Verdi kontrastiert das Drama hier mit einer von Außen in die Handlung wirkenden bunten und bewegten Szene. Vor dem Fenster zieht mit singenden und lachenden Menschen der Karnevalszug vorbei. Eine dramatische Besonderheit, welche die gleiche Wirkung wie die belebten Festszenen hat: Das Schicksal Violettas erscheint noch verlorener und einsamer.

Alfredo tritt ein und die Stimmen der beiden Liebenden verschmelzen vollständig miteinander. In unisono geführten Stimmen schwören sie sich ewige Liebe, die nichts mehr trennen soll: „Mai più dividermi potrà da te." („Für alle Zeiten werde ich nun bei dir bleiben").

Alfredo spricht in einer liebevollen Melodie von ihrer gemeinsamen Zukunft (Abb.23).

Abb. 23: Akt 3, Nr. 18 Duett, T. 1-11, aus: Giuseppe Verdis *La Traviata.*

Hier gibt Alfredo die Melodie vor, an die sich Violetta anlehnt und schließlich übernimmt. Nicht mehr sie ist die Tonangebende. Die Stimmen sind gleichwertig geworden und jeder spinnt die Melodie des anderen zu Ende.

Ein erneuter Schwächeanfall Violettas reißt die Beiden in die Wirklichkeit zurück. Violetta klagt das Schicksal an, sie so früh sterben zu lassen. Mit letzter Kraft stimmt sie eine ausdrucksvolle Gesangslinie an, in die alle Anwesenden langsam einstimmen (Abb.24).

Aus der von Violetta angestimmten Todesmelodie erheben sich die Geigen im pianissimo und stimmen ein letztes Mal die innige Liebesmelodie an, die Violettas Todesvisionen begleitet (Abb.25).

Abb. 24: Akt 3, Nr. 19 Schlussszene, T. 68-71 (Todesmelodie), aus: Giuseppe Verdis *La Traviata*.

Erst im Übergang vom Leben zum Tod kann sich die Außenseiterin Violetta von den gesellschaftlichen Zwängen lossagen. Mit Germont versöhnt, der für die bürgerlichen Moralvorstellungen steht, und ihrer einzigen Liebe Alfredo vereint, stirbt sie befreit von allen geltenden Normen.

Abb. 25: Akt 3, Nr. 19 Schlussszene, T. 107-113, aus: Giuseppe Verdis *La Traviata*.

## 4.    Schlussbemerkung

Im Rahmen dieser Arbeit wurde nach einer allgemeinen Einführung herausgearbeitet, dass in allen Opern Verdis Außenseiter auftreten. Diese werden einzelnen Gesellschaftschichten und den im 19. Jahrhundert vorherrschenden Moralvorstellungen gegenübergestellt.

Das Gesellschaftsbild der sozialen Klasseneinteilung von der Zeit Verdis bis heute hat sich stark verändert, während als Außenseiter größtenteils noch die gleichen Individuen gelten wie damals. Die Schwierigkeit liegt darin, die am Rande der Gesellschaft stehenden Charaktere und die sozialen Schichten in den Opern unter dem Aspekt der Zeitgeschichte des 19. Jahrhunderts zu interpretieren.

Zusammenfassend lässt sich feststellen, dass in den frühen risorgimentalen Werken hauptsächlich die politischen Schichten der Unterdrückten und der Unterdrücker gegenüberstehen. Die einzelnen Charaktere stehen für die jeweilige Klasse, der sie angehören. Einzelschicksale spielen noch keine Rolle. Außenseiter sind der politische Gegner und damit Angehörige einer anderen Nation, der Exilant und der Verfolgte.

In den Werken der Reifezeit und den Spätwerken gewinnen die Einzelschicksale zunehmend an Bedeutung. Private Probleme und Seelenvorgänge der Charaktere werden zentrale Themen der Opern Verdis. Um das Einzelschicksal noch zu verdeutlichen, steht dabei das Individuum oft der Gesellschaft gegenüber, repräsentiert durch Chöre und Ensembles. Die Rolle der Außenseiter nehmen Ausländer, körperlich Missgebildete und nicht Standesgemäße, sei es aufgrund ihres Berufes oder der Zugehörigkeit zu einer Minderheit, ein. Meist stehen sich Oberschicht und Unterschicht mit ihren verschiedenen Charaktereigenschaften und Lebenseinstellungen gegenüber.

In allen Opern Verdis trägt eine Außenseiterrolle entscheidend zu dem Handlungsverlauf bei. In der in Kapitel 3 ausgewählten Fallstudie *La Traviata* wurde analysiert, wie Verdi die unterschiedlichen Schichten und vor allem den Außenseiter selbst musikalisch darstellt.

Bei der Analyse fällt auf, dass Violetta, ihr Verwandlungsprozess von der Kurtisane zur treuen Geliebten und ihre Ausgrenzung von der Gesellschaft aufgrund ihrer Außenseiterposition, mit den einfachsten musikalischen Mitteln dargestellt sind. So durchziehen etwa Walzerrhythmen die ganze Oper, als Symbol für die vorwärtsschreitende Zeit und den unaufhaltsamen Tod Violettas. Dieses Stilmittel ist keineswegs als trivial zu interpretieren, sondern stellt das Schicksal der Hauptprotagonistin nur noch deutlicher heraus. Um das Seelendrama in seiner ganzen Einfachheit und Dramatik darzustellen, sind auch die Übergänge zwischen Rezitativen, Arien und Ensembles fließend gestaltet.

Das Fremde in Verdis Opern ist ein interessantes und vielschichtiges Thema. Diese Arbeit bezieht sich vorwiegend auf das Fremde im Sinne anderer Klassenzugehörigkeiten und Außenseitern als Fremde, die in der Gesellschaft aufgrund ihrer Andersartigkeit nicht angesehen werden.

Sicherlich gibt es andere Möglichkeiten das Fremde zu interpretieren und auf Verdis Opern zu übertragen. Dies wäre ein interessanter Ansatzpunkt für die Zukunft, um Verdi, seine Werke und seine Zeit besser verstehen zu können und vielleicht auch eine Hilfe für die Aufführung und Inszenierung seiner Opern, um dabei den Blickwinkel für das Ursprüngliche und die Zeit Verdis nicht zu verlieren.

# Literaturverzeichnis

Abels, Norbert: Der Mensch ist als Faulpelz geboren. Falstaffs
Bauch oder die Seele des Leibes – Motivgeschichtliche
Aspekte, in: Hessisches Staatstheater Wiesbaden (Hrsg.),
Programmheft: Falstaff, Dinges&Frick Wiesbaden, Saison
1997/98, S. 15-19.

Abels, Norbert: Ein Buckliger der singt? Motivgeschichtliche
Aspekte zu einem Topos der Abweichung, in: Intendanz
der Oper Frankfurt (Hrsg.), Programmheft: Rigoletto,
Druckerei Imbescheidt Frankfurt, 1998/99, S. 53-62.

Abels, Norbert: Die Macht des Schicksals oder das Desaster in der
Familie, in: Bremer Theater (Hrsg.), Programmheft: Die
Macht des Schicksals, Druckerei Willers Bremen,
Spielzeit 2006/2007, S. 23-36.

Abels, Norbert: Ich bin nicht, der ich bin, in: Intendanz der Oper
Frankfurt (Hrsg.), Programmheft: Rigoletto, Druckerei
Imbescheidt Frankfurt, Saison 1988/89, S. 38-42.

Abels, Norbert: Die Entdeckung des Hässlichen, in: Loebe, Bernd
(Hrsg.), Programmheft: Macbeth, Druckerei Imbescheidt
Frankfurt, Oper Frankfurt 2004/05, S. 10-12.

Abels, Norbert: Die Sünde vor dem Leben, in: Intendanz der Oper
Frankfurt (Hrsg.), Programmheft: La Traviata, Druckerei
Imbescheidt Frankfurt, Saison 1991/92, S. 39-59.

Beci, Veronika: Verdi – Ein Komponistenleben, 2. Aufl.,
Düsseldorf 2001.

Bertelsmann Lexikon Verlag (Hrsg.): Das grosse wissen.de
Lexikon, Gütersloh/München 2001.

Busch, Hans (Hrsg.): Giuseppe Verdi Briefe, Fischer Verlag,
Frankfurt am Main 1979.

Craig, Gordon Alexander: Geschichte Europas 1815-1980. Vom
Wiener Kongress bis zur Gegenwart, Verlag C.H. Beck,
München 1983.

Dahlhaus, Carl / Eggebrecht Hans Heinrich (Hrsg.): Brockhaus Riemann Musiklexikon, 4 Bde., 2. Aufl., Mainz u.a. 1995-1998.

Dumas, Alexander: Die Kameliendame. Roman, Komet, Köln 2003.

Dumas fils, Alexandre: Die Kameliendame. Schauspiel in fünf Akten, Lizenzausgabe, Reclam, Stuttgart 2003.

Forest-Streit, Ursula: Soziale Schichten und kulturelle Variationen, Zürich 1976.

Frank, Annette: Zwischen Bürgerhaus, Thron und Altar. Die multimediale Konstruktion des Individuums in seiner Spannung zu Familie, Staat und den religiösen Repräsentanten in den Opern Giuseppe Verdis, in: Cinderella Applicata Bd. 4, Wien 2002.

Gerhard, Anselm / Schweikert, Uwe (Hrsg.): Verdi Handbuch, Kassel u.a. 2001.

Hessisches Staatstheater Wiesbaden (Hrsg.): Programmheft: La Traviata, Wiesbaden Nachdruck Spielzeit 1993/94.

Ilaender, Christian: Die Hunnen (374 - 454 n. Chr.) und ihr Koenig Attila, Bearbeitungsstand: März/April 1997, http://www.layline.de/geschichte/Hunnen_0.html (abgerufen: 8. Januar 2008).

Jansen, Johannes: Oper. Schnellkurs, 2. Aufl., Köln 2002

Knepler, Georg: Geschichte als Weg zum Musikverständnis, Reclam, Leipzig 1977.

Loeffler, Stefan: „Hört ihr Leut, und lasst euch sagen...", Bearbeitungsstand: 4. Januar 2008, http://www.stuttgarter-zeitung.de/stz/page/detail.php/1601593 (abgerufen: 4. Februar 2008).

Loy, Christof: La Traviata. Der Inhalt, in: Hessisches Staatstheater Wiesbaden (Hrsg.), Programmheft: La Traviata,

Dinges&Frick Wiesbaden, Nachdruck    Spielzeit 1993/94, S. 3f.

Mehnert, Henning (Hrsg.): Giuseppe Verdi. La Traviata. Oper in drei Akten. Textbuch Italienisch / Deutsch, Reclam, Stuttgart 2002.

Meier, Barbara: Giuseppe Verdi, 3. Aufl., Hamburg 2007

Meyers Lexikonredaktion (Hrsg.): Meyers Jugend Lexikon, 2. Aufl., Mannheim 1991.

Michels, Ulrich: dtv-Atlas Musik, 2 Bde., 14. Aufl., Kassel 2005.

Mondwurf, Georg: Giuseppe Verdi und die Ästhetik der Befreiung, in: Metscher, Thomas/Beutin,Wolfgang (Hrsg.), Bremer Beiträge zur Literatur- und Ideengeschichte Bd. 36, Frankfurt a. M. 2002.

Pahlen, Kurt: Giuseppe Verdi – La Traviata, 4. Aufl., Mainz u.a. 2001.

Pauls, Birgit: Giuseppe Verdi und das Risorgimento. Ein politischer Mythos im Prozess   der Nationenbildung, in: Münkler Herfried (Hrsg.), Politische Ideen Bd. 4, Akademie Verlag, Berlin 1996.

Reinhardt, Volker: Geschichte Italiens, C.H. Beck Wissen in der Beck'schen Reihe, München 1999.

Renner, Hans: Renners Führer durch Oper, Operette, Musical, 4. Aufl., Schott, Mainz 1991.

Rienäcker, Gerd: Verdi-Dramaturgie heute. Notate subjektiven Nachdenkens, in: Rienäcker, Gerd, Musiktheater im Experiment. Fünfundzwanzig Aufsätze, 1. Aufl., Berlin 2004, S. 89-100.

Stübler, Dietmar: Geschichte Italiens. 1789 bis zur Gegenwart, Westberlin 1987.

Verdi, Giuseppe: La Traviata. Klavierauszug, Bearbeitung: Kogel,
        Gustav F., C.F.Peters Frankfurt a. M. u.a., Edition Peters
        Nr. 1469.

Weidenfeld, C. George / Nicolson: Weltgeschichte. 5000 Jahre
        Fakten in Text und Bild vom Pharaonenstaat bis zur
        Demokratisierung in Osteuropa, neubearbeitete und
        ergänzte Fassung des Werkes "Milestones of History",
        Lizensausgabe, Werl in Westfalen 1991.

Wörsdörfer, Rolf: Klientel oder Klasse? Arbeiterbewegung und
        Sozialisation in einer     städtischen Gesellschaft
        Süditaliens. Der Fall Messina 1900-1914, Frankfurt a.M.
        1988.


## Abbildungsverzeichnis

**Abb. 1:** Sängerin Giuseppina Strepponi, in einer Darstellung von
Scuola pittorica italiana (1842),
http://www.karadar.com/Jpg/Verdis_second_wife_Giuseppina_Str
epponi.jpg (abgerufen: 22. Januar 2008).

**Abb. 2:** Tänzerin Maria Taglioni, in einer Darstellung von J.S.
Templeton (1845), http://www.danceit.org/taglionisylf.jpg
(abgerufen: 22. Januar 2008).

**Abb. 3:** Eugenie Doche in der Rolle der Kurtisane Marguerite
Gautier, Darstellung von Richard Buckner (1857),
http://artfiles.art.com/images/-/Richard-Buckner/Portrait-of-
Madame-Eugenie-Doche-in-the-Role-of-Marguerite-Gautier-La-
Dame-Aux-Camelias-Giclee-Print-C12068004.jpeg (abgerufen:
22. Januar 2008).

**Abb. 4:** Kurtisane Marie Duplessis, in einer Darstellung eines
unbekannten Künstlers (1840-1847),
http://autourduperetanguy.blogspirit.com/images/medium_Marie_
Duplessis_CADRE_VIENNOT.jpg (abgerufen: 22. Januar 2008).

**Abb. 5:** Hofnarr Sebastián de Morra, in einer Darstellung von Diego Velázquez (um 1643), http://www.tu-dresden.de/phfikm/Kunstgeschichtefinal/spanien/velazquez/J0048k.jpg (abgerufen: 22. Januar 2008).

**Abb. 6:** Hofnarr Don Juan de Calabazas, in einer Darstellung von Diego Velázquez (1639), http://www.scienzz.de/magazin/upload/forschung7/Komisches-Velazquez.jpg (abgerufen: 22. Januar 2008).

**Abb. 7:** Akt 1, Nr. 1 Vorspiel, T. 1-4, aus: Verdi, Giuseppe: La Traviata. Klavierauszug, S. 5.

**Abb. 8:** Akt 1, Nr. 1 Vorspiel, T. 20-25 (Liebesmelodie), aus: Verdi, Giuseppe: La Traviata. Klavierauszug, S. 5.

**Abb. 9:** Akt 1, Nr. 1 Vorspiel, T. 29-30 (Liebesmelodie), aus: Verdi, Giuseppe: La Traviata. Klavierauszug, S. 6.

**Abb. 10:** Akt 1, Nr. 4 Walzer und Duett, Dritte Szene, T. 118-121 (Zweite Liebesmelodie), aus: Verdi, Giuseppe: La Traviata. Klavierauszug, S. 40.

**Abb. 11:** Akt 1, Nr. 4 Walzer und Duett, Dritte Szene, T. 134-139, aus: Verdi, Giuseppe: La Traviata. Klavierauszug, S. 41.

**Abb. 12:** Akt 1, Nr. 4 Walzer und Duett, Dritte Szene, T. 210-212, aus: Verdi, Giuseppe: La Traviata. Klavierauszug, S. 44.

**Abb. 13:** Akt 1, Nr. 6 Szene und Arie, T. 51-54 (Zweite Liebesmelodie), aus: Verdi, Giuseppe: La Traviata. Klavierauszug, S. 62.

**Abb. 14:** Akt 1, Nr. 6 Szene und Arie, T. 145-153, aus: Verdi, Giuseppe: La Traviata. Klavierauszug, S. 66.

**Abb. 15:** Akt 2, Nr. 8 Duett, T. 42-46, aus: Verdi, Giuseppe: La Traviata. Klavierauszug, S. 90.

**Abb. 16:** Akt 2, Nr. 8 Duett, T. 107-109, aus: Verdi, Giuseppe: La Traviata. Klavierauszug, S. 93.

114

**Abb. 17:** Akt 2, Nr. 8 Duett, T. 159-166, aus: Verdi, Giuseppe: La Traviata. Klavierauszug, S. 97.

**Abb. 18:** Akt 2, Nr. 8 Duett, T. 263-271 (Schmerzensmelodie), aus: Verdi, Giuseppe: La Traviata. Klavierauszug, S. 103.

**Abb. 19:** Akt 2, Nr. 9 Szene und Duettino, T. 81-86 (Liebesmelodie), aus: Verdi, Giuseppe: La Traviata. Klavierauszug, S. 112.

**Abb. 20:** Akt 2, Nr. 14 Septett mit Chor, Dreizehnte Szene, T. 4-11, aus: Verdi, Giuseppe: La Traviata. Klavierauszug, S. 155.

**Abb. 21:** Akt 3, Nr. 16 Vierte Szene, T. 1-13, aus: Verdi, Giuseppe: La Traviata. Klavierauszug, S. 199.

**Abb. 22:** Akt 3, Nr. 16 Arie, T. 3-7, aus: Verdi, Giuseppe: La Traviata. Klavierauszug, S. 200.

**Abb. 23:** Akt 3, Nr. 18 Duett, T. 1-11, aus: Verdi, Giuseppe: La Traviata. Klavierauszug, S. 211.

**Abb. 24:** Akt 3, Nr. 19 Schlussszene, T. 68-71 (Todesmelodie), aus: Verdi, Giuseppe: La Traviata. Klavierauszug, S. 227.

**Abb. 25:** Akt 3, Nr. 19 Schlussszene, T. 107-113, aus: Verdi, Giuseppe: La Traviata. Klavierauszug, S. 231.

## Abkürzungsverzeichnis

| | |
|---|---|
| S. | Seite |
| ebd. | ebenda |
| Bsp. | Beispiel |
| Abb. | Abbildung |
| T. | Takt |